지켜보고 있다!
너의 디지털 발자국

 어린이를 위한
디지털 안전 수업

지켜보고 있다!
너의 디지털 발자국

장예진 글 · 안희경 그림

작가의 말

우리는 매일 신나게 디지털 세상을 즐기고 있어요. 유튜브, 카카오톡, 온라인 쇼핑, 인터넷 게임, 인스타그램 등 디지털 세상은 정보도 많고 엄청나게 재미도 있어요. 하지만 우리가 디지털 세상에 남기는 흔적, 즉 디지털 발자국이 늘 아름답지는 않아요. 디지털 기술의 발전은 수많은 기회와 이익을 가져다주었지만, 사이버 폭력이나 범죄와 같은 문제도 많이 일어나고 있어요.

이 책은 한 뉴스에서 시작됐어요. 메타버스에서 만난 또래 친구를 믿고 속마음을 털어놓고 사진까지 보낸 한 아이가 있었어요. 하지만, 메타버스 친구는 갑자기 돌변해서 둘이 나눈 은밀한 이야기와 사진을 퍼뜨리겠다고 협박하며 돈을 요구하고 만나자고 했어요. 나중에 알고 보니 메타버스 친구는 또래가 아니었어요. 사전에 모든 것을 치밀하게 준비한 사이버 범죄였어요. 이 뉴스를 보며 '우리가 무심코 남기는 디지털 발자국이 나 자신 혹은 타인, 나아가 사회까지 위협할 수도 있겠구나.' 하는 생각이 들었어요. 그 후, 디지털 세상을 더 슬기롭게 즐길 수는 없을까 고민하며 이 책을 쓰기 시작했어요.

디지털 세상의 가장 큰 매력은 언제 어디서나 사람들과 연결될 수 있고, 소통할 수 있다는 점이에요. 그래서 스마트폰과 컴퓨터를 할 때는 늘 '화면 너머의 타인과 함께하고 있음'을 잊지 말아야 해요. 디지털 세상에서는 자유를 무한히 펼칠 수 있다고 생각하기 쉬워요. 하지만 이곳에서도 디지털 시민으로서 지켜야 할 규칙과 책임이 있어요.

디지털 시대의 똑똑한 시민은 디지털 기술을 가치 있게 활용하려는 마음을 지닌 사람이에요. 정보를 비판적으로 평가하고 효과적으로 사용하기, 타인에게 공감하며 긍정적으로 교류하기, 자신을 안전하게 보호하기! 방법만 알면 누구나 아름다운 디지털 발자국을 찍을 수 있어요.

안전하게, 서로를 존중하며 즐기는 디지털 세상! 이곳이 재미있는 놀이터, 안전한 쉼터가 될 수 있을지는 오롯이 우리 손에 달려 있어요. 부디 이 책이 여러분에게 좋은 길잡이가 되면 좋겠어요.

장예진

차례

작가의 말 …4

1장 | 세미의 발자국 | 디지털 발자국

제발 내 사진을 지워 줘 …10
세미에게 들려주는 디지털 발자국 이야기 …22

2장 | 연주의 발자국 | 사이버 범죄

마음이 편해지는 나만의 놀이터, 메타버스 …28
연주에게 들려주는 사이버 범죄 이야기 …42

3장 | 온유의 발자국 | 사이버 폭력

채팅방이 감옥 같아 …48
온유에게 들려주는 사이버 폭력 이야기 …66

4장 | 채연이의 발자국 | 개인 정보 공개

인플루언서가 되고 싶었을 뿐인데 …72
채연이에게 들려주는 개인 정보 공개 이야기 …82

5장 | 지민이의 발자국 | 영상 콘텐츠

그렇게 편집될 줄 몰랐어요 ···88
지민이에게 들려주는 영상 콘텐츠 이야기 ···98

6장 | 상인이의 발자국 | 인터넷 사기

이게 다 게임 머니 때문이에요 ···104
상인이에게 들려주는 인터넷 사기 이야기 ···114

7장 | 연우의 발자국 | 저작권 침해

그대로 베끼진 않았는데? ···122
연우에게 들려주는 저작권 침해 이야기 ···132

8장 | 서연이의 발자국 | 악플

소통하고 싶은 마음이 악플이 되어 돌아왔어요 ···138
서연이에게 들려주는 악플 이야기 ···148

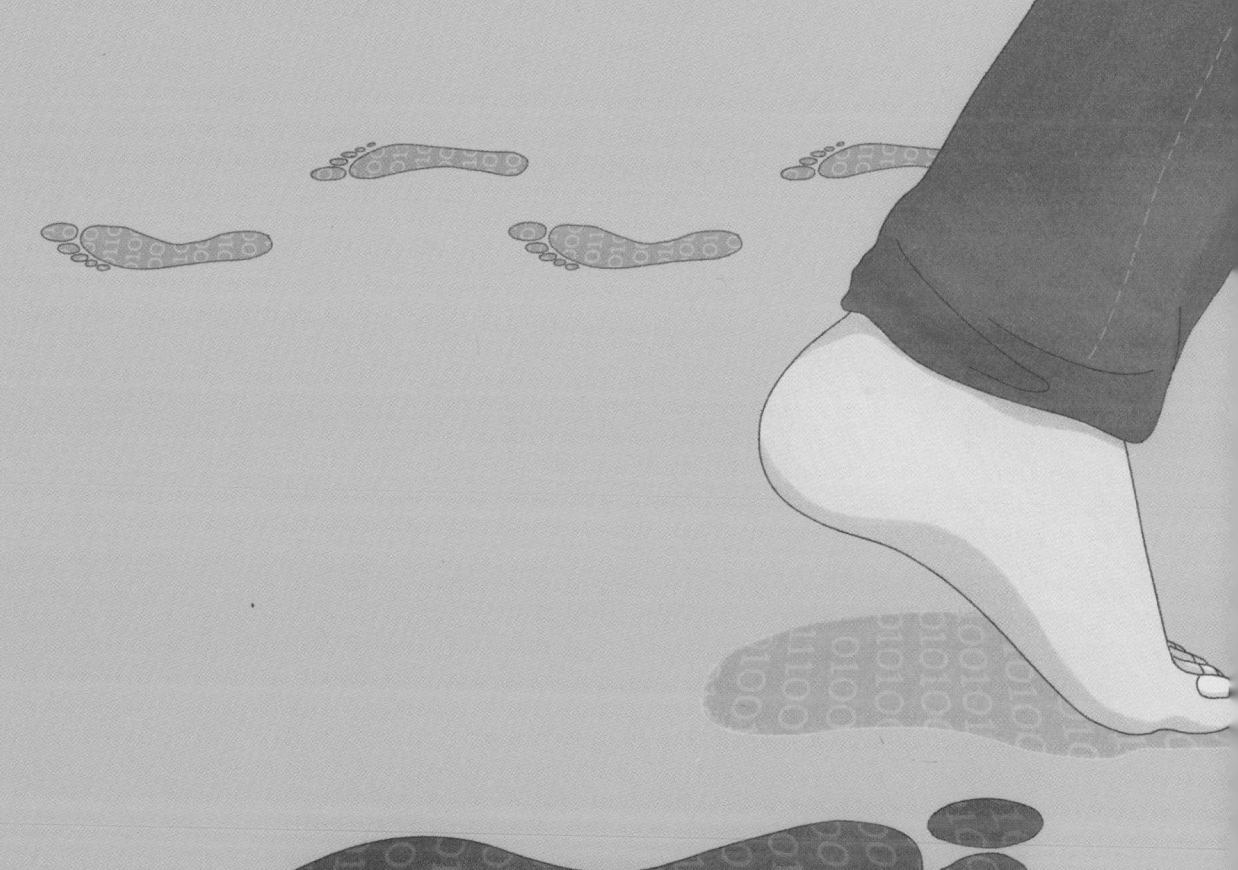

제발 내 사진을 지워 줘

운명의 라이벌

세미는 예원이와 2학년 첫날부터 통했어요. 똑같은 고양이 발바닥 모양의 필통부터 둘은 취향이 거의 비슷했어요.

"너도 고양이 좋아해?"

"응, 얼마 전부터 키우고 있어."

세미의 대답에 예원이는 팔짝팔짝 뛰며 좋아했어요.

"너희 집 고양이 보고 싶다. 놀러 가도 돼?"

세미는 흔쾌히 예원이를 초대했고, 그렇게 둘은 단짝이 되었어요. 1학년 겨울 방학에 이사 와 모든 것이 낯설었던 세미는 잘 통하는 친구가 생겨 아주 다행스러웠어요. 둘은 학원도 같이 다니며 3년

동안 매일 붙어 다녔어요. 5학년 때는 같은 반까지 되어 둘은 뛸 듯이 기뻤어요.

그런데 세미와 예원이의 끈끈한 우정이 얼마 전 학교 방송반 아나운서를 뽑을 때부터 금이 가기 시작했어요. 둘은 아나운서 원고 쓰기 시험을 통과해 1차 합격자 명단에 나란히 이름을 올렸어요. 아이들은 단짝이 하루아침에 경쟁자가 되었다면서 입방아를 찧었어요. 주변에서 그렇게 말하니 세미도 기분이 이상했어요.

'하필 예원이랑 최종 후보에 오르다니.'

마지막 관문인 원고 읽기 시험이 있던 날.

세미가 방송반에 도착했을 때, 예원이는 문 앞을 서성이며 원고를 읽고 있었어요.

"예원아, 벌써 와 있었네. 난 그것도 모르고 같이 오려고 찾았어."

"아, 그랬어? 연습을 제대로 못해서 좀 읽어 보려고. 너는 연습 많이 했어?"

"나도 별로. 몇 번 읽어 본 게 다야. 떨어지면 어쩔 수 없지, 뭐."

세미의 말을 듣는 예원이의 눈이 세미의 머리와 옷을 훑었어요.

"그래도 머리도 땋고, 옷도 새 옷 같은데? 준비 많이 했네."

예원이의 새초롬한 말에 세미는 좀 머쓱했어요.

아나운서 최종 합격자 발표는 바로 났어요. 세미가 아나운서가 되었어요. 그날, 화장실에서 세미는 우연히 예원이와 연주가 하는 말을 들었어요.

"예원아, 괜찮아?"

"말도 마. 내가 원고를 읽는데, 세미가 얼마나 뚫어지게 쳐다보던지 신경 쓰여서 두 번이나 버벅거렸어. 꼭 실수하길 바라는 것 같더라."

세미는 너무 기가 막혀서 하마터면 '헉' 하고 소리를 낼 뻔했어요.

'내가 언제?'

그 후, 세미는 예원이를 예전처럼 대할 수 없었어요. 예원이도 세미에게 딱 필요한 말만 했어요.

불편한 부탁

며칠 뒤, 예원이에게서 메시지가 왔어요.

> 송세미, 나야. 이예원.

'새삼스럽게 송세미, 이예원이라니!'

예원이가 이름에 성을 붙여 쓴 게 '우린 안 친해.'라는 의미 같아 세미는 마음이 아팠어요.

> 예원아, 안녕.

> 너, 혹시 1학년 끝나고 우리 학교로 전학 왔어?

> 응, 맞아.

> 전에 다니던 학교가 상현 초등학교?

> 응, 근데 왜?

> 맞네. 진짜 너, 맞네.

> 무슨 소리인지 좀 알아듣게 말해.

> 너, 이승찬 알지?

이승찬. 세미는 그 이름을 모를 수가 없었어요. 아니, 잊을 수가 없었어요. 운동회 날, 세미를 '곰돌이 푸'라고 부른 아이였어요.

1학년 때 운동회가 열리던 날이었어요.
세미는 4인 달리기 경주를 하려고 줄을 서 있었어요. 갑자기 세미 뒷줄에 있던 승찬이가 소리를 질렀어요.
"어! 곰돌이 푸다!"
"어디, 어디?"
아이들이 승찬이 쪽으로 몰려들었어요.
"저기 있잖아!"
승찬이는 손가락으로 정확히 세미를 가리켰어요.
"노란 바지에 빨간 티셔츠. 진짜 곰돌이 푸랑 똑같다!"
"어, 진짜네. 배 나온 것도 똑같아! 아, 웃겨."
"곰돌이 푸가 아니라, 돼지 푸네!"
아이들은 배꼽을 잡고 웃었고 세미는 입술을 꽉 물고 눈물을 흘렸어요. 그날 이후, 세미의 별명은 '돼지 푸'가 되었어요. 열심히 살을 뺐지만 돼지 푸라는 별명은 지긋지긋하게 세미를 따라다녔어요.

'그런데 예원이 입에서 이승찬 이름이 왜?'
운동회 때의 악몽이 되살아나며 세미의 심장이 마구 뛰었어요.

> 승찬이는 너 잘 알던데?
> 너도 승찬이 알지?
> 나, 승찬이랑 사촌이야.

> 그래? 근데?

> 내가 어제 승찬이 블로그에서
> 엄청 재밌는 사진을 봤어.
> '재밌는 친구들'이란 카테고리에
> 세미, 네가 있더라고. 한번 볼래?

    세미가 대답하기도 전에 사진 한 장이 날아왔어요. 노란 바지, 빨간 티셔츠, 불룩한 배…….

    세미는 다급한 마음에 곧바로 예원이에게 전화를 했어요.

    "너, 이 사진 누구누구한테 보여 줬어?"

    "아직은 안 보여 줬어. 근데 혼자 보기는 좀 아깝네?"

    "예원아, 제발……."

    세미는 자기도 모르게 '제발'이라는 말이 나왔어요. 예원이는 선심이라도 쓰듯 말했어요.

    "그럼, 내 부탁 하나 들어줄래?"

    "부탁?"

    "국어 수행 평가 논설문 쓰기 말이야. 근거 자료 다 찾았어?"

"응, 좀 어려웠는데 그래도 다 찾긴 찾았어."

"내가 수학 숙제하느라 아직 못 찾았거든. 그 자료 좀 부탁해도 될까?"

"선생님이 틀려도 좋으니까 자기 스스로 찾으라고 하셨잖아. 그리고 수행 평가는 시험……."

"나 참, 누가 그걸 모르니? 친구니까 부탁하는 거지. 나도 친구라서 네 사진 아무한테도 보여 주지 않았잖아."

예원이는 화가 난 듯 말했어요. 세미는 뚱뚱했던 모습을 다른 친구들이 보는 일을 어떻게든 막고 싶었어요.

"그래, 알았어. 내일 아침에 좀 일찍 와. 네 자료까지 출력해 갈게."

세미는 '이렇게까지 해야 하나?' 하는 생각이 불쑥 들었지만 급한 불을 껐다는 안도감이 더 컸어요.

점점 짙어지는 먹구름

며칠 뒤, 예원이는 자신과 친한 친구들이 있는 단톡방에 세미를 초대했어요. 그리고 한 연예인의 과거 사진을 올리고는 살을 빼서 몰라보게 예뻐졌다며 흉을 봤어요. 세미는 자신을 겨냥한 말 같아 기분이 나빴어요. 결국 더 보고 있기 힘들어 단톡방을 나왔어요.

곧바로 예원이에게서 전화가 왔어요.

"송세미, 왜 말도 없이 나가?"

"나 보라고 그런 얘기 하는 거야?"

"무슨? 아, 네 옛날 사진? 난 잊고 있었는데?"

"그래?"

"아, 맞다. 송세미, 부탁이 있어. 내일 학교에 좀 일찍 와 줄래?"

예원이는 이번에도 '부탁'이라고 했어요.

'또 무슨 부탁일까?'

세미의 마음이 두근거렸어요.

학교에 가니, 예원이가 신발장 앞에서 세미를 기다리고 있었어요.

"송세미, 이번에 과학 토론 대회, 학교 대표 뽑는 데에 나가?"

"응, 준비하고 있어."

"나도 준비하고 있는데……."

예원이는 조금 망설이는 눈치였어요. 세미가 답답해서 먼저 물었어요.

"근데?"

"학교 대표는 한 명이잖아. 너 안 나가면 안 돼?"

예원이는 그렇게 말하고는 갑자기 아무 말이 없었어요. 세미도 무슨 말을 해야 할지 생각이 나질 않아 애꿎은 실내화만 한참 노려보다 겨우 입을 뗐어요.

"예원아, 나 과학 토론 대회에 나가고 싶어서 오래전부터 학원도 다니고 있어."

"그러니까 부탁하잖아. 한 명 뽑는 데에 나가서 나랑 꼭 경쟁을 해야겠냐고."

이건 세미 혼자 결정할 수 있는 문제가 아니었어요.

세미는 3학년 때부터 과학 토론 대회에 나가고 싶어 자격이 되는 5학년이 되길 손꼽아 기다렸어요. 세미의 마음을 알기에 엄마도 적극적으로 도와주고 계셨어요.

세미가 바라는 답을 하지 않자 예원이가 안 되겠다는 듯 말했어요.

"이번 부탁 들어주면 내 핸드폰에 있는 네 사진 지우고, 승찬이 블로그에 있는 것도 다 지우라고 할게."

예원이 말에 세미는 흔들렸어요.

'이번만 포기하면, 사진 걱정이 사라질까?'

하지만 왠지 세미는 이번이 마지막 부탁이 아닐 것 같았어요.

요즘 예원이와 몰려다니는 아이들이 세미를 볼 때마다 비웃음 같은 표정을 지었어요. 세미는 이미 단톡방에 연예인 사진 대신 자신의 옛날 사진이 올라왔을지도 모른다는 생각이 들었어요.

'아이들이 그 사진을 봤을까?'

사진이 어디까지 퍼져 있을지도 알 수 없었어요. 세미는 고민하다가 떨리는 목소리로 말했어요.

"내가 그래도 과학 토론 대회에 나간다면?"

"싫다고?"

"응, 싫다면?"

"네 사진을 전교생이 다 보게 되겠지."

예원이는 한쪽 입꼬리를 올리며 희미하게 웃었어요. 세미는 눈물이 날 것 같았지만 입술을 깨물며, 예원이의 눈을 똑바로 쳐다봤어요.

'보이고 싶지 않은 과거의 사진 때문에 이런 부당한 일을 당해야 할까?'

세미는 어떤 일이 있어도 더 이상 물러서면 안 되겠다는 생각이 들었어요.

세미에게 들려주는 디지털 발자국 이야기

세미처럼 온라인 공간에 남아 있는 과거의 사진과 글 때문에 괴로워하는 사람이 많아요. 다른 사람의 기억에서 잊히길 바라는 세미 같은 친구들에게 들려주고 싶은 이야기가 있어요.

디지털 발자국

사람들이 온라인 공간에서 한 일은 모두 디지털 기록으로 남아요.

우리는 컴퓨터, 스마트폰 등 전자 기기를 많이 활용하며 생활하는 '디지털 시대'에 살고 있어요. '디지털 발자국'은 사람들이 온라인 공간에 남긴 다양한 디지털 기록을 가리키는 말이에요.

유튜브, 인스타그램, 페이스북, 카카오톡과 같은 소셜 미디어에는 사람들이 하는 다양한 활동이 남아요. 음식을 찍어 올린 사진, 어떤 장소를 소개하려 남긴 글, 채팅하며 링크를 공유한 기록, 포털 사이트에서 한 검색, 블로그에 단 댓글, 인터넷 쇼핑몰에서 물건을 산 기록 등이 마치 흔적처럼 남지요. 이 모든 것이 '디지털 발자국'이에요. '디지털 흔적', '디지털 풋프린트'라고도 불러요.

삶의 걸림돌이 되기도 하는 디지털 발자국

스스로 남겼든, 다른 사람이 남겼든 디지털 발자국은 때론 씻을 수 없는 상처나 장애물이 되기도 해요. 디지털 시대는 과거에서 벗어나기가 쉽지 않아요. 온라인상에 있는 글이나 사진을 쉽게 복사해서 옮길 수 있고 또 편집 기술을 사용해 원본과 다르게 재가공할 수 있기 때문이에요. 인간의 기억은 시간이 지날수록 희미해지지만, 온라인상에 남은 기록은 거의 영구적으로 보존된다고 생각하면 돼요.

이렇게 남아 있는 디지털 발자국은 중요한 때에 발목을 잡을 수도 있고 공든 탑을 무너뜨릴 수도 있어요. 과거에 SNS에 쓴 글 하나 때문에 인기 연예인이 한순간에 대중에게 외면당하고, 정치인이 공직에서 물러나는 경우를 본 적 있을 거예요. 또, 본인의 의사와 상관없이 개인 정보가 온라인상에 노출되는 바람에 곤경에 처하는 일도 종종 있어요.

이런 이유로 '디지털 발자국'을 지우고 싶어 하는 사람들이 많아요. 원치 않는 기록을 없애고 싶은 거예요. 이럴 때는 '잊힐 권리'를 주장할 수 있어요.

잊힐 권리

'잊힐 권리'는 인터넷 이용자가 소셜 미디어나 포털 사이트 등에 자신과 관련된 게시물을 지워 달라고 요청할 수 있는 권리예요.

스페인의 한 남성은 자신의 기록을 지워 달라고 구글에 소송을 제기했어요. 그는 빚을 다 갚았는데도 구글 검색 결과에 자신이 연체자로 표시되어 있어 사생활 침해를 받았다고 주장했어요. 유럽 사법 재판소는 '구글 사용자는 검색 결과 삭제를 요구할 권리를 갖고 있다.'라는 이유를 들어 이 남성의 빚과 관련된 개인 정보를 삭제하라고 구글에 명령했어요. 이 남성이 주장한 '잊힐 권리'를 법원에서 인정한 거예요.

우리나라도 공익적인 이유나 법률 등으로 삭제가 금지된 경우를 제외하고, 최대한 개인의 사생활과 정보가 침해되는 일을 막기 위해 '잊힐 권리'를 지원하는 정책과 서비스를 마련했어요.

개인 정보 보호 위원회는 아동·청소년의 디지털 잊힐 권리 실현을 지원하는 '지우개 서비스'를 시범적으로 운영하고 있어요. 미성년 시기(19세 미만)에 작성한 온라인 게시물 중 개인 정보가 포함된 경우에 이를 삭제하거나 다른 사람이 검색하지 못하도록 도와주는 서비스예요. 너무 어릴 적 만든 계정이라 아이디와 비밀번호를 찾을 수 없을 때, 사이트를 탈퇴해서 게시물을 삭제할 수 없을 때, 댓글이 달려 게시물을 삭제할 수 없을 때, 지우개 서비스에 개인 정보를 지워 달라고 요청할 수 있어요.

- 지우개 서비스 신청 (www.privacy.go.kr/delete.do)

디지털 클린(삭제) 서비스

디지털 기록을 없애 주는 서비스가 있어요.

다양한 이유로 온라인 공간의 흔적을 지우고 싶은 사람들을 위해 '디지털 클린(삭제)' 서비스도 등장했어요. 전문적으로 디지털 정보를 삭제해 주는 회사예요. 깨끗하게 기록을 지운다는 의미에서 '디지털 장례업'이라고도 부르는데, 사람들이 의뢰하면 온라인상의 사진, 동영상, 게시물 등을 지우는 일을 하지요. 또 불법으로 유포된 디지털 자료나 죽은 사람의 디지털 기록 등을 없애는 일도 해요.

디지털 클린 서비스 회사는 해마다 늘고 있어요. 이는 과거 기록을 지우고 싶어 하는 사람이 많다는 의미이기도 하고, 미로처럼 복잡한 인터넷 공간에 있는 기록을 삭제하려면 전문가의 도움이 필요하다는 뜻이기도 해요.

하지만 아무리 전문가의 능력이 뛰어나다고 해도 데이터가 얼마나 퍼져 나갔는지 정확히 알 수 없을 만큼 디지털 세상은 넓고, 또 빠르게 흘러요. 그렇기 때문에 디지털 발자국을 완벽하게 지우기는 쉽지 않지요. 온라인 공간에 뭘 올릴 때는 무척 신중해야 해요.

누구나 볼 수 있는 온라인

온라인 공간에 올린 사진과 글이 어디까지 퍼질지 아무도 몰라요.

일단 온라인 공간에 올리는 글과 사진은 모든 사람이 볼 수 있음을 명심해야 해요. 올리는 순간, 이 정보들은 자신만의 것이 아니라 누구나 볼 수 있게 되지요. 친구 공개로 올리거나 단 몇 초 만에 삭제해도 마찬가지예요. 내 사진과 글이 공유되거나 캡처되어 어떤 사이트를 돌아다니고 있을지 아무도 알 수 없어요.

'유명인도 아닌데 설마 그런 일이 일어나겠어?'라고 생각하면 안 돼요. 앞으로 우리가 어떤 삶을 살게 될지 모르고, 과거를 검증받아야 하는 자리에 오를 수도 있기 때문이에요.

인터넷의 기억은 무한해요. 그렇기 때문에 자신이 올리려는 글과 사진이 수십 년이 지난 후에도 문제가 없을지 늘 고민하고 올려야 해요. 우리가 올리는 게시물이 유용한 것이 될지, 위험한 것이 될지 늘 생각해 보는 습관이 필요해요.

무엇보다 '디지털 세상의 나'와 '현실의 나'는 같은 사람임을 잊으면 안 돼요. 모두 잘 가꾸어 나가야 해요.

2장
연주의 발자국
- 사이버 범죄 -

마음이 편해지는
나만의 놀이터, 메타버스

아바타는 내 마음대로 할 수 있어!

"엄마가 그랬잖아. 열심히 했는데 점수가 잘 나오지 않으면 어쩔 수 없다고. 노력하는 자세가 중요하다며?"

연주는 눈물이 날 것 같았어요. 수학을 싫어하지만, 이번 단원 평가를 위해서 열심히 공부했거든요. 하지만 점수가 고작 5점밖에 오르지 않았어요.

엄마는 한숨을 푹 쉬며 말했어요.

"그래. 네가 열심히 한 건 엄마도 알지. 근데 백 점이 아홉 명이나 된다는데 70점이 뭐……."

엄마는 더 말하려다가 눈물이 그렁그렁한 연주 얼굴을 보더니 인심 쓰듯 말했어요.

"그래, 시험 보느라 고생했으니까 오늘은 스마트폰 좀 해. 딱 한 시간만이다."

연주는 오늘처럼 마음이 울적할 때는 항상 e월드 앱에 들어가요. e월드는 다양한 맵을 돌아다니며 놀 수 있는 메타버스(가상 현실) 공간이에요. 연주네 학교 맵에 들어가면 진짜 아는 친구도 만날 수 있고, 놀이동산 맵에 들어가면 전혀 모르는 사람들과 놀이기구도 탈 수 있어요.

연주는 학교 맵에서 친구들과 놀까 하는 생각을 잠깐 했지만 오늘은 그럴 기분이 아니었어요.

'오늘은 아무도 나를 모르는 맵에 가고 싶어. 답답한데 한강이나 가 볼까?'

연주는 한강 공원 맵을 검색했어요. 그런데 아바타 상태를 보니 한강 공원에 가기엔 어울리지 않는 복장이었어요. 지난번에 들어왔을 때, 친구들과 아이돌 그룹을 만들어 놀았거든요. 그래서 아바타가 머리에서 발끝까지 알록달록 화려했어요.

'한강 공원에 어울리게 꾸며야지.'

연주는 아바타 옷장에서 하얀 반바지와 파란 후드 티셔츠를 골랐어요. 그리고 아무래도 한강을 뛸 때는 음악을 듣는 모습이 어울리니까 이어폰도 하나 사서 아바타를 꾸몄어요. 한강 공원 맵에 들어가니 넓은 초록 잔디밭 앞에 강물이 끝없이 펼쳐졌어요. 그 풍경을 보니

연주는 마음이 편안해졌어요. 자기도 모르게 감탄이 나와 말풍선 창에 글을 썼어요.

"역시 멋져! 한강에 오길 잘했어!"

그때였어요.

"맞아, 오길 잘했지?"

갑자기 누군가가 말을 걸어왔어요. 옆을 보니 연주의 아바타와 거의 똑같은 옷차림을 한 남자아이 아바타가 서 있었어요.

"누구세요?"

"우리 반모(반말 모드) 할래? 난 12살 황선욱."

"어, 그래. 나도 12살. 김연주."

연주도 반말 모드로 노는 데에 익숙했어요. e월드 앱에선 대부분이 반말을 썼고, 게다가 선욱이는 동갑이라고 하니까 더 쉽게 반말이 나왔어요. 선욱이 아바타가 연주 아바타에 더 가까이 다가와 말했어요.

"수학 시험 망치고 엄마에게 혼났거든. 답답해서 한강에 왔어."

"어! 나도. 나도 시험 망쳐서 여기 왔는데……."

메시지를 쓰면서 연주는 픽 웃음이 나왔어요. 선욱이 아바타는 마치 하이 파이브를 하자는 듯 손을 번쩍 들었어요. 연주 아바타도 손을 들어 가만히 맞대었어요.

메타버스에서 만난 닮은 꼴 친구!

선욱이는 연주보다 수학을 더 싫어하고 못한다고 했어요. 연주 같으면 부끄러워서 말하지 못할 점수인데도 선욱이는 아무렇지도 않게 알려 줬어요.

"풀었으면 그만이지, 왜 또 약분을 해야 하냐고. 약분만 아니었어도 내가 60점은 넘겼다고!"

발까지 동동 구르며 흥분하는 선욱이의 아바타를 보고 있으니 연주는 마치 선욱이가 전부터 알고 지낸 가까운 친구처럼 느껴졌어요. 그래서 자기도 모르게 고민을 털어놓았어요.

"나는 수학은 못하지만, 춤을 잘 춰. 난 춤추는 게 좋아. 엄마는 엄청 싫어하지만……."

"오! 멋지다. 근데 엄마는 왜 싫어하셔?"

"춤은 취미로 하면 되지, 직업으로는 안 된대. 돈도 못 벌고……."

"에이, 옛날이야 그랬지. 그때는 춤이 전문 분야로 인정받지 못했으니까. 요즘은 춤으로 성공한 사람들이 엄청 많은데? 시대가 달라졌다고!"

연주는 마치 어른처럼 말하는 선욱이가 신기했어요.

"야, 너 인생 2회차냐? 어떻게 그렇게 잘 알아?"

"어? 책… 그래! 책에서 읽었지. 옛날하고 요즘을 비교해 놓은 책이 많잖아. 야, 근데 너 배고프지 않냐? 라면 먹을래?"

선욱이가 얘기하니, 연주도 갑자기 배가 고파졌어요. 둘은 편의점 파라솔에 나란히 앉아 호로록 불며 라면을 먹었어요. 선욱이는 요즘 키가 크지 않아 걱정이라며 라면을 두 개나 먹었어요.

"학원 숙제하느라고 잠을 푹 자지 못해 키가 안 크는 것 같아."

"학원을 몇 개 다니는데?"

"수학, 영어, 논술, 농구, 과학. 다섯 개!"

"어, 나도 다섯 개야. 숙제만 해도 어마어마해. 와, 정말 우리 닮은 점이 너무 많다."

"정말 그러네. 닮은 점이 많으니까 더 가깝게 느껴진다. 우리 e월드 말고 톡으로 대화할래?"

얼핏 시계를 보니 엄마와 약속한 시간까지 10분 정도 남아 있었어요. 연주는 선욱이에게 휴대 전화 번호와 톡 아이디를 알려 줬어요.

선욱이는 금세 톡으로 말을 걸어왔어요.

반가워, 친구!

안녕.^^

연주야, 너 어디 살아?

> 나? ○○구 ○○동.

> 어, 우리 집이랑 가깝네.
> 난 ○○동에 살아.

> 와! 그 동네 애들 우리 수학 학원에
> 많이 다니는데. 난 ○○ 초등학교. 너는?

> 비밀! 난 신비주의자라고.^^
> 그건 그렇고 네 얼굴 보고 싶어.
> 사진 보여 줄 수 있어?

> 야, 너는 신비주의자라고
> 학교도 가르쳐 주지 않으면서. 쳇!

> 그럼, 내 사진부터 보여 줄게.

채팅방에 선욱이 사진이 올라왔어요. 정말 수학을 못할 것 같은 해맑은 얼굴이었어요. 연주는 선욱이의 웃는 얼굴에 갑자기 마음이 몽글몽글해졌어요. 선욱이도 연주 사진을 재촉했어요. 연주는 제일 잘 나온 사진 하나를 찾아 채팅방에 올렸어요.

와! 연주야, 너 정말 귀엽다.
아바타랑 똑같네.
우리, 집도 가까운데 만날까?

그래도 될까?
우리 오늘 처음 알게 됐는데……

무슨 상관이야?
우린 비슷한 점이 많은 친구잖아.

그런가? ㅋㅋ
그럼, 토요일에 우리 학교 근처에
있는 OO 공원에서 만날래?

그래, 좋아! 그리고 연주야, 우리 약속
다른 사람들에게 비밀로 하자.

비밀? 왜 그래야 하는데?

비밀 친구!
어쩐지 신비롭지 않아? ㅋㅋ

선욱이 너, 신비주의자라고 하더니
캐릭터 확실하다. ㅋㅋ

선욱아, 넌 정말 누구니?

선욱이는 둘이 만나는 일을 비밀로 하자고 했지만, 연주는 이 설레는 약속을 누군가에게 말하고 싶어서 입이 근질근질했어요. 마침 연주가 하는 말은 무엇이든 믿고 응원해 주는 이모가 집에 왔어요. 연주는 더 이상 참을 수 없었어요.

"이모, 나 심심할 때 하는 메타버스 앱 알지? 거기서 만난 친구가 있는데 이번 주 토요일에 만나기로 했어."

"음, 모르는 사람이랑 함부로 만나면 안 되는데……."

"모르는 사람이 아니야. 나이도 나랑 동갑이고, 벌써 사진까지 봐서 얼굴도 알아. 가까운 동네에 살고 나랑 마음도 엄청 잘 통해. 선욱이도 수학을 못하고. 헤헤."

이모가 갑자기 심각한 표정을 짓더니 그 친구의 사진과 말이 진짜라는 증거가 있냐고 물었어요. 연주는 이모가 선욱이를 의심하는 것 같아 기분이 나빴어요. 이모는 다시 한번 선욱이와 대화를 해 보라고 했어요. 이모가 적어 주는 질문에 선욱이가 제대로 된 대답을 하면, 그때 선욱이와 만나는 일을 다시 고민해 보자고 했어요.

'선욱이가 기분 나빠하면 어쩌지?'

이렇게까지 해야 하나 고민이 좀 됐지만, 연주는 선욱이에게 말을 걸었어요.

선욱아, 뭐 해?

나? 논술 학원 다녀와서 쉬고 있지.

요즘 무슨 책 읽어?

몰라. 읽기 싫어 그런지 기억이 안 나네.

요즘 과학은 뭘 배우고 있어?

과학? 갑자기 왜 그래?
너 공부 싫어하는 거, 아니었어?

말해 봐. 궁금해서 그래.

몰라. 너네랑 진도가 많이 다를 거야.

그럼, 학원 이름이라도 알려 줄 수 있어?

아주 작은 곳이라 이름도 없어.
과외 같은 거라서. 근데 왜 자꾸 그래?
만나면 다 얘기해 줄게. 일단 만나.

연주야. 보고 있어? 연주야?

　선욱이는 아무것도 제대로 답을 하지 않았어요. 아니, 어쩌면 못하는 것일지도 몰라요.
　연주는 선욱이의 얘기가 진짜냐고 묻던 이모의 말이 귓가에 맴돌았어요. 힘이 빠지는 기분이었요.
　'선욱아, 넌 정말 누구니?'
　시무룩한 연주를 보고 이모가 말했어요.
　"지금 연주 마음이 반반이지? 선욱이가 의심되지만, 그래도 만나 보고 싶은 마음. 이모도 이해해."

"이모, 만나서 확인하고 싶어. 안 될까?"

"음, 알았어. 대신 이모랑 같이 가자."

이모는 조금 떨어진 곳에서 둘을 지켜보기만 하겠다고 했어요.

드디어 토요일. ○○공원.

약속 시간이 지났는데도 선욱이는 오지 않았어요. 대신 톡이 왔어요.

> 연주야, 기다리고 있지?

> 응, 왜 안 와?

> 내가 갑자기 학원에 왔어.
> 30분 정도면 끝나는데 네가 이쪽으로 와 줄래?

> 거기가 어딘데?

> 우리 형을 보낼게. 마침 형이 그쪽에 일이 있어서
> 너를 데려다주겠대.

> 너희 형이?

연주는 선욱이의 형이 온다는 말에 당황했어요. 그때, 모자를 푹 눌러쓴 오빠 한 명이 연주에게 다가왔어요.

"네가 연주구나? 선욱이한테 얘기 들었지? 같이 가자."

연주는 망설이며 이모가 있는 쪽을 쳐다봤어요. 이모는 이미 연주 쪽으로 급하게 뛰어오고 있었어요. 그 오빠는 달려오는 이모를 보자 갑자기 쌩하니 가 버렸어요. 이모는 연주를 꼭 끌어안았어요.

'이게 다 무슨 일이지?'

연주의 심장이 마구 뛰었어요.

연주에게 들려주는 사이버 범죄 이야기

이모가 함께 나가지 않았다면 연주는 그 오빠를 따라갔을까요?
그 사람이 선욱이의 형이 아닐 수도 있다는 생각을 해 봤을까요?
우리가 흔히 사용하는 메타버스나 SNS에는 사용자가 자신이 누구인지
알리는 프로필이 있어요. 하지만 프로필을 그대로 믿으면 안 돼요.
프로필에 거짓 정보를 쓸 수도 있거든요.
나쁜 마음을 가지고 접근하는 사람에게 감쪽같이 속지 않기 위해
우리가 알아야 할 것들이 있어요.

거짓 정보일 수 있는 프로필

우리가 사용하는 SNS(소셜 네트워크 서비스, Social Network Service)는 무척 다양해요. 엑스, 유튜브, 페이스북, 라인, 틱톡, 인스타그램, 카카오톡, 디스코드 등을 한 번쯤은 들어 봤을 거예요. SNS 중 일부는 본인임을 인증하지 않아도 계정을 만들 수 있어요. 나쁜 의도를 가지고 성별이나 나이를 거짓으로 쓰거나, 다른 사람의 사진을 자신의 프로필에 올리는 경우도 많아요. 특히 메타버스 가상 공간에서는 아바타라는 가면 뒤에 숨기가 더욱 쉬워요. 그래서 프로필이나 아바타를 보이는 대로 다 믿어서는 안 돼요. 상대방이 조금이라도 의심스럽다면 질문을 구체적으로 해서 정말 또래인지 파악해 보려는 노력이 필요해요. 요즘 학교에서는 무엇을 배우는지, 어떤 학원을 다니고 있는지, 어떤 책을 읽고 있는지, 관심사가 무엇인지 등 또래들만 답할 수 있는 질문을 해 보세요. 본모습을 파악하기 위해 그 사람이 온라인에서 했던 말과 행동을 비판적으로 보는 자세도 필요해요. 아무리 친절한 SNS 친구라도 의심스러운 부분이 조금이라도 있는지 잘 따져 봐야 하지요.

사이버 유괴

범죄자들은 인터넷상에서 나이, 성별 등을 속여 아이들에게 접근해요.

최근 사이버 유괴 사건이 늘고 있어요. 범죄자들은 나이나 성별을 속이고 메타버스 가상 공간이나 SNS, 온라인 게임 등을 통해 아이들에게 접근해요. 그 뒤, 채팅으로 고민을 들어 주면서 공감대를 형성하지요. 초등학생들이 좋아하는 캐릭터 상품이나 연예인 포토 카드 등으로 환심을 사고 신뢰를 쌓기도 해요. 그렇게 해서 아이들의 경계심이 느슨해지면 직접 만나자고 해서 데려가요. 돈을 목적으로 가둬 놓기도 하고 강제로 성적인 행위를 시키기도 해요. 본인은 절대로 그런 수법에 넘어가지 않을 자신이 있다고 생각할 수 있어요. 하지만 범죄자들은 아이들이 쉽게 마음을 열고 따라오게 유인책 역할을 하는 사람을 내세우기도 하는데, 유인책은 중·고등학생, 성인 여성 등 다양해요. 그러니 절대 나이나 성별, 옷차림 등을 보고 마음을 놓아서는 안 돼요.

온라인에서 사귄 사람을 만나기로 했다면!

1. 우선 상대방이 하는 말을 무조건 믿지 말고 구체적인 질문을 통해 성별과 나이 등이 내가 생각하는 사람이 맞는지 확인해요.
2. 상대방을 만나도 되는지 반드시 어른들과 의논해요.
3. 만나러 가기 전에 상대방의 연락처와 약속 시간, 약속 장소를 가족에게 상세히 알려요.
4. 둘이서만 만나지 마세요. 여럿이 함께 만나는 경우에도 상대방의 집이나 밀폐된 공간에는 절대 가면 안 돼요. 특히 상대방 차는 타지 마세요.
5. 밖이 환한 낮에 만나고, 사람들이 많은 공원이나 식당, 서점, 쇼핑몰 등에서 만나야 비교적 안전해요.

디지털 성범죄

범죄자들은 경계를 허문 뒤에 약점을 잡아 협박해요.

우리는 자신의 말에 공감해 주고 친절하게 대하면 쉽게 마음을 여는 경향이 있어요. 최근 들어 친밀감을 악용한 디지털 성범죄가 늘고 있어요. 대표적인 디지털 성범죄가 '성 착취물'인데, 속옷 차림이나 알몸을 찍은 성적인 사진이나 동영상을 보내게 만들어요. 안타깝게도 피해자 중에는 10대가 가장 많아요. 많은 사람들이 스마트폰을 쓰며 SNS를 쉽게 이용하게 되자, 성적 호기심이 왕성한 10대들을 노리는 디지털 성범죄가 늘고 있어요. 디지털 성범죄자들은 친밀감을 바탕으로 성적인 대화를 유도한 후 그런 대화를 나눴다는 사실을 약점으로 잡아 강제로 사진을 보내게 해요. 부모님이나 학교에 알린다고 협박해 아이들이 어쩔 수 없이 사진을 보내게 만들지요.

또래로 가장해 "내가 먼저 사진을 보낼 테니 너도 보내 줘."라고 하며 아이들을 덫에 빠지게 하는 경우도 있어요. 상대가 부적절한 요구를 할 때는 그런 요구 자체가 범죄이기 때문에 아래 연락처로 꼭 신고하세요. 망설일 필요가 없어요.

- 피해 신고

디지털 성범죄 원스톱 신고 전화 1377

경찰청 전화 112

- 피해 지원

디지털 성범죄 피해자 지원 센터 전화 02-735-8994 (d4u.stop.or.kr)

스마일 센터 총괄 지원단 전화 02-333-1295 (www.resmile.or.kr)

한국 사이버 성폭력 대응 센터 전화 02-817-7959 (www.cyber-lion.com)

디지털 성범죄를 예방하는 방법

1. SNS에서 '친구 신청'이나 '팔로우 요청'을 받을 때 무조건 수락하면 안 돼요. 모르는 사람 또는 만난 적이 없는 사람이 하는 친구 신청은 수락하지 않는 게 좋아요. 자칫하면 개인 정보가 유출되거나 범죄에 휘말릴 수도 있거든요.
2. 대부분의 SNS에는 다이렉트 메시지, 쪽지 등의 DM 기능이 있어요. 이 기능을 켜 두면, 팔로워(내 계정을 즐겨 찾고 따르겠다고 신청한 사람)가 아닌 사람에게도 메시지를 받을 수 있어요. 그러니 되도록 DM 기능은 꺼 두면 좋아요. 전체 수신 거부를 설정하거나 팔로워가 아닌 사람에게 온 메시지는 받을 수 없도록 설정해야 안전해요.
3. 상대방의 게시물을 확인해서 정말 또래인지 확인하는 노력이 필요해요. 게시물 내용이 자연스럽지 못하거나 게시물을 올리는 시간이 초등학생에게 지나치게 늦은 밤이나 새벽이라면 의심해 봐야 해요.
4. SNS 대화를 길게 하지 말고 특히 밤에 하지 않도록 해요. 밤에는 감수성이 풍부해져 판단력이 흐려지기 때문에 자칫 돌이킬 수 없는 실수를 저지를 수 있어요. 늘 시간을 정하고 그 규칙 안에서 SNS를 하려고 노력해 보세요.

3장
온유의 발자국
- 사이버 폭력 -

채팅방이
감옥 같아

우리는 한 팀인데, 채팅방은 둘?

"이번 영어 수행 평가는 팀별로 진행합니다. 각 팀별로 상황을 만들어서 5분 정도 되는 영어 연극을 준비하면 돼요. 자, 명단 부릅니다. 자기 팀이 누구인지 잘 기억하세요."

영어를 좋아하는 온유는 친구들과 함께하는 영어 연극이라는 선생님의 말에 눈이 번쩍 뜨였어요. 누가 같은 팀이 될지 무척 기대가 됐어요.

"편의상 처음 호명된 사람이 팀장이에요. 1팀 이민준."

"오호!"

민준이는 처음으로 이름이 불리자, 신이 나 보였어요.

"김온유, 이영훈, 김지호."

선생님이 온유와 영훈이 이름을 부를 때는 환호성을 지르던 민준이는 지호 이름이 불리자, 갑자기 조용했어요. 온유는 슬쩍 민준이를 봤어요. 민준이는 짜증이 난 얼굴이었어요.

팀별로 명단을 부른 선생님은 영어 연극을 준비하는 일주일 동안만 단체 채팅방을 허용했어요. 그리고는 팀 이름도 정하라고 말했어요. 민준이가 선생님 말이 끝나자마자 외쳤어요.

"1팀 이름은 원 팀(ONE TEAM)으로 하겠습니다. 우리는 하나니까요."

"의미가 좋네. 결정도 빠르고. 오케이!"

선생님은 민준이를 칭찬했어요. 하지만 온유는 마음이 좋지 않았어요. 팀 이름이 문제가 아니라 팀원들에게 묻지도 않고 민준이가 혼자 정해 버려 좀 기분이 나빴어요.

쉬는 시간이 되자, 아이들이 영어 연극을 어떻게 할지 의논하러 팀별로 모이기 시작했어요. 온유도 지호와 함께 민준이 자리로 갔어요. 영훈이도 왔어요.

"비행기를 탄 상황을 연극으로 만들자."

민준이가 말했어요. 온유는 찬성했어요. 비행기에서는 안내 방송, 기내식, 응급 환자 등 다양한 상황이 생길 수 있으니까요. 영훈이도 좋다고 했어요.

"난 아직 비행기 한 번도 안 타 봤지만, 재미있어 보여. 나도 찬성!"

지호가 말하자, 민준이가 어쩐지 퉁명스럽게 물었어요.

"지호, 넌 영어 학원 어디 다니냐? 영훈이는 나랑 같은 학원이고, 온유는 챌린지 어학원 다니는데?"

"나? 난 영어 학원 안 다녀. 그냥 집에서 공부하는데?"

민준이와 영훈이가 서로 마주 보며 그럴 줄 알았다는 듯이 픽 웃었어요.

"그래서 네가 발음이 구리… 아, 아니다. 아무튼 단체 채팅방을 만들 테니까 초대하면 다들 들어와."

금세 채팅방이 만들어졌어요. 온유는 방 이름을 원 팀이라고 적어 넣었어요. 어쩐지 든든한 느낌이 들며 잘될 것만 같았어요. 그런데 1분도 지나지 않아 온유는 또 다른 채팅방에 초대되었어요.

'뭐지?'라고 온유가 잠깐 생각하는 사이에 글이 올라왔어요.

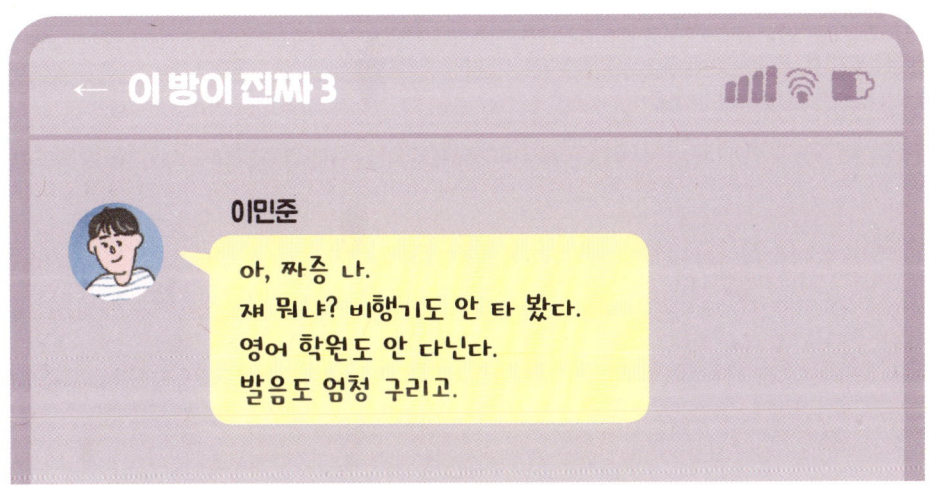

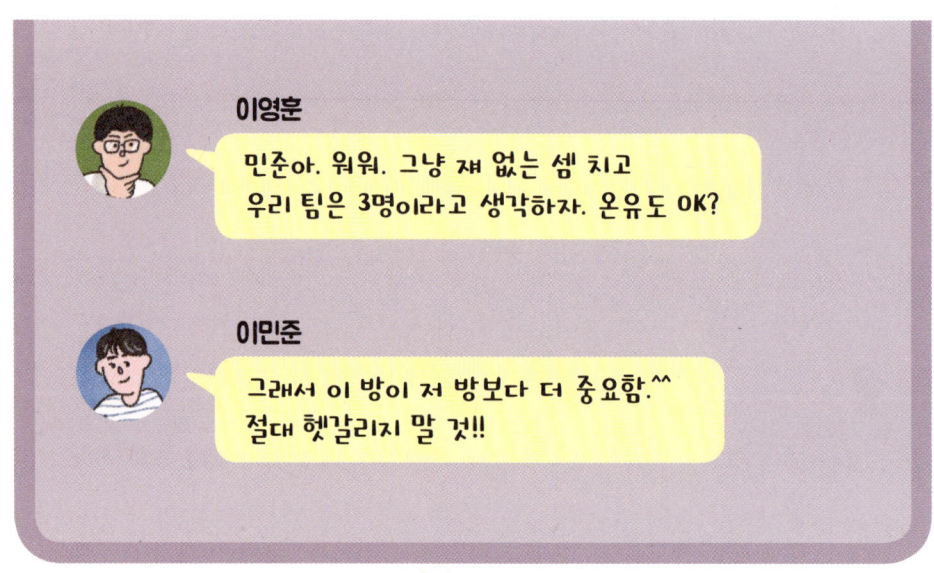

민준이와 영훈이가 말하는 '쟤'는 분명 지호였어요. 민준이가 지호만 없는 채팅방을 만든 거예요.

이름은 원 팀인데 채팅방은 두 개. 잘될 것 같아 부풀었던 온유의 마음은 어느새 찜찜함으로 가득찼어요.

지호만 없는 채팅방

다음 날은 토요일이었어요. 아침부터 지호 없는 채팅방에 불이 났어요. 민준이는 비행기 안에서 일어날 수 있는 재미있는 상황을 계속 만들어 채팅방에 올렸어요. 온유도 자신이 경험했던 일과 인터넷에서 찾은 자료를 올렸어요. 그러다 문득 이 방엔 지호가 없구나 하는 생각이 들었어요.

이 방이 진짜 3

> 근데 수행 평가 얘기는 지호가 있는 채팅방에서 해야 하지 않아? 우리끼리 정하면 다시 전달해야 하잖아?

이민준
> 온유야, 걔 실명은 언급하지 말자. 그리고 어차피 걔는 도움도 안 될 텐데, 우리가 다 정해서 알려 주면 되잖아?

이영훈
> 맞아. 난 걔가 읽는 영어책 보고 놀랐잖아. 내가 유치원 때 읽었던 책이더라.

> 그래도 선생님이 다 같이 협동하는 모습도 점수에 포함된다고 했는데······.

이민준
> 쌤이 우리가 걔를 빼고 했는지 같이 했는지 어떻게 알아?

이영훈
> 우리가 다 정하고 걔한테 제일 작은 역할 하나 주면 되지, 뭐.

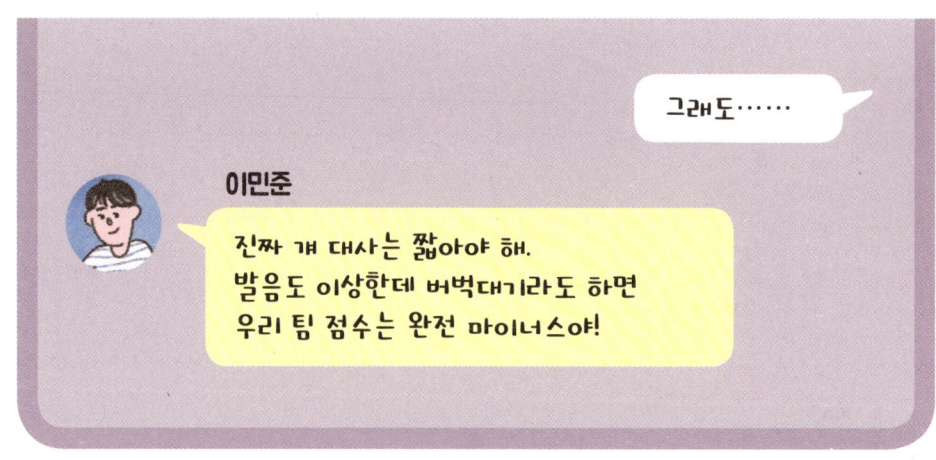

온유는 마음이 너무 불편했어요. 자신이 조사한 자료라도 지호에게 알려 줘야겠다는 생각에 채팅방에 자료를 올렸어요.

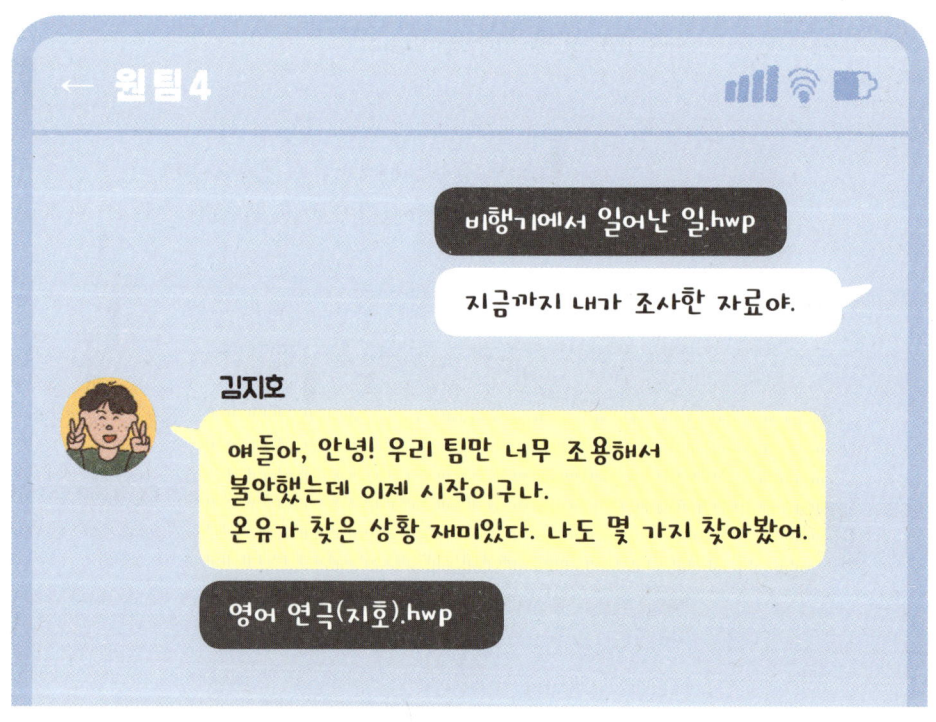

이영훈
온유 아이디어 좋다. 그중에서 정하자.

이민준
그래, 온유 아이디어 굿!

지호가 찾은 것도 재미있더라.
5분이면 꽤 기니까 몇 가지 상황을 넣자.

이민준
응응. 영훈이랑 나도 더 찾아볼게.

김지호
내가 찾은 자료는
쓸 만한 게 하나도 없는 거야? ㅠㅠ

지호야, 네 자료 중에 두 번째 상황 재미있다.
얘들아, 너희 생각은 어때?

이민준
나, 지금 영어 학원 보강 가야 함.
나중에 얘기하자!

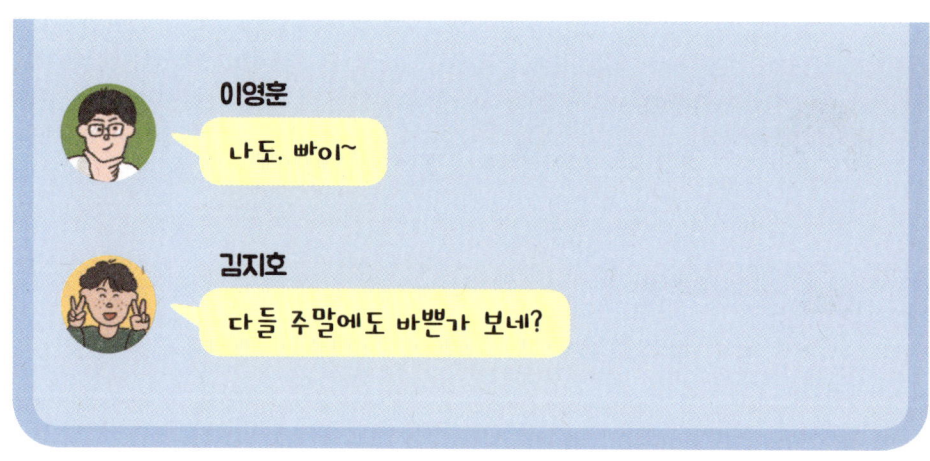

민준이와 영훈이는 지호를 완전히 투명 인간 취급하고 있었어요. 온유는 지호에게 뭐라고 말해야 할지 난감했어요. 그때, 지호가 없는 채팅방에 글이 올라왔어요.

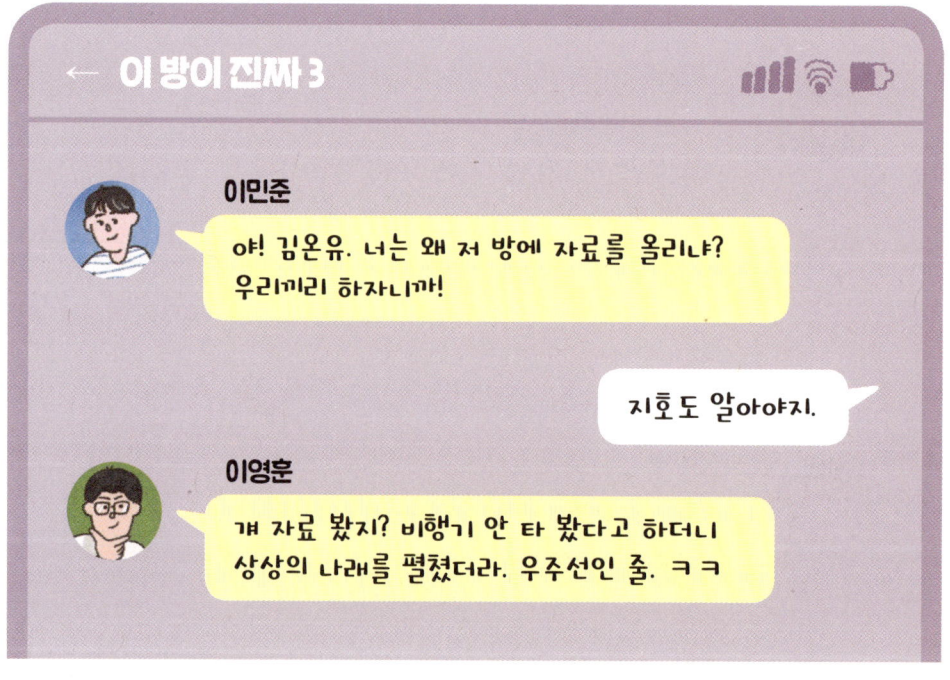

이민준
안 타 본 게 아니라
못 타 본 것 아닐까? ㅋㅋ

너희들! 지호가 여기 없다고
너무 대놓고 욕하는 거 아니야?

이민준
우리가 언제 욕했어? 욕 안 했는데?

험담했잖아. 난 이런 상황이 불편해.
나는 이 방에서 나갈게.
수행 평가 얘기는 지호가 있는 데서 하자.

  온유는 지호 험담을 하는 채팅방에 계속 머물고 싶지 않았어요. 수행 평가가 걱정되고, 민준이와 영훈이가 혹시 자기 욕을 할까 봐 불안하기도 했지만 용기를 내어 채팅방에서 나왔어요. 하지만 얼마 지나지 않아 민준이는 또 온유를 초대했어요.

← 이 방이 진짜 3

이민준
야! 김온유. 마음대로 나가면 어쩔? 상황이랑 역할 정할 때까지만 이 방에 있어라. 응?

그러니까, 그걸 지호 있는 방에서 하자고.

이영훈

대박! 지금 편의점 앞에서 걔 봄.

야, 지호 사진을 왜 함부로 올려?

이영훈
저거 봐. 줄 이어폰 ㅋ
요즘 누가 줄 이어폰을 써?

이민준
고대 유물인 줄 ㅋㅋㅋ

너희들 진짜……

온유는 어차피 또 초대될 게 뻔하다는 생각에 채팅방을 나가는 대신 알림 소리를 무음으로 돌리고 보지 않았어요. 하지만 계속 신경이 쓰였어요.

그렇게 토요일이 찜찜하게 흘러가고 밤이 되었어요. 10시가 넘어 막 잠자리에 들려고 하는데 민준이가 또 새로운 방을 만들어 온유를 초대했어요. 온유는 한숨이 푹 나왔어요.

보살펴?

 **이민준**
같이 준비하면 도움은 하나도 안 되고 시간만 더 걸리겠지만 그래도 개랑 같이한다고!

너, 말 참 이상하게 한다.
누가 불쌍하고, 누가 보살핀다는 거야?

 **이영훈**
김온유. 워워.

 **이민준**
같이하겠다는데 왜 또 그래?
싫어?

음, 알았어. 그럼, 이제 지호 있는 방에서 얘기하면 되지?

 **이민준**
아니.
내일 우리끼리 한 번만 먼저 만나고.

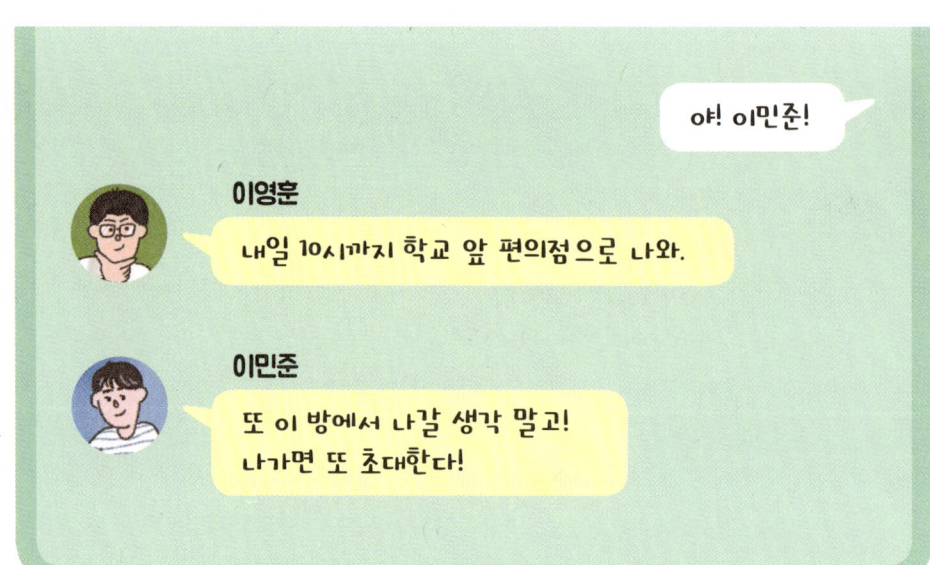

온유는 갑자기 채팅방이 감옥 같다는 생각이 들었어요. 스마트폰까지 꼴 보기 싫어져 이불 위로 던져 버렸어요.

그때, 아빠가 빼꼼히 문을 열고 들어왔어요.

우리는 한 팀이니까 함께해야지!

"뭐야? 지금 스마트폰 던진 거야? 최신형 갖고 싶어서 고장 나라고?"

아빠가 농담을 했지만 온유는 웃을 기분이 아니었어요. 온유는 아빠에게 채팅방 얘기를 할까 말까 고민했어요. 아빠는 늘 온유에게 궁금한 일이 있어도 캐묻지 않고 너무 늦지 않게만 말해 달라고 하는데, 어쩐지 지금이 그때 같았어요. 온유는 아빠에게 채팅방 대화를 보여 줬어요.

 김온유! 이 방에서 나갈 생각 하지마!

 나가면 또 초대한다!

"음. 이 녀석들이 채팅방에서 지호 이름을 말하지 말라는 것 보니까 자기 행동이 문제가 된다는 사실을 알고 있네."

"욕은 아니지만, 지호를 험담하고 비웃은 거 맞죠?"

"그래. 게다가 지호 얘기엔 대꾸를 안 하네?"

"맞아요. 따돌리는 거예요."

"이거 사이버 폭력인데……."

아빠의 표정이 점점 심각해졌어요.

"폭력이요? 걔들이 지호를 때리지는 않았는데요?"

"몸을 때리는 일만 폭력은 아니야. 감정적으로 상처를 주는 말과 행동도 폭력이야."

"아, 그러네요. 그리고 지호를 험담하는 채팅방에 있는 것도 괴로웠어요. 방에서 나오면 초대하고 알림을 무음으로 하면 다른 방을 만들어서 또 초대하고. 마치 감옥 같았어요."

아빠는 지호만 사이버 폭력을 당한 게 아니라고 했어요. 참여하고 싶지 않은 채팅방에 계속 초대하는 일도 폭력이라고 했어요.

"내일 10시에 민준이랑 영훈이 만나러 가니?"

"그래야죠. 이번만 우리끼리 만나면 다음부터는 지호도 끼워 준다고 했으니까요. 영어 수행 평가도 망치면 안 되고요."

아빠는 어쩌면 지금 온유가 영어 수행 평가보다 더 중요한 것을 배우고 있을지도 모른다고 했어요.

"아들, 오늘은 같이 자면서 머리를 맞대어 볼까? 할 수 있는 일부터 해 봐야지."

온유와 아빠는 새벽까지 두런두런 이야기를 나누다 잠이 들었어요.

다음 날, 10시! 학교 앞 편의점

온유는 한번 크게 숨을 쉬고 지호와 함께 편의점을 향해 걸어갔어요. 지호를 보자마자 확 일그러지는 민준이와 영훈이 표정이 다 보였어요. 동시에 온유의 스마트폰에 채팅방 알림 소리가 울렸어요.

온유에게 들려주는 사이버 폭력 이야기

온유는 따돌림을 당하는 지호를 위해서, 그리고 하기 싫은 일에 자꾸 가담하라는 민준이와 영훈이의 부당한 요구를 끊어 내기 위해서 용기를 냈어요. 요즘엔 학교 폭력이 온라인으로 옮겨져 벌어지고 있어요. 신체에 해를 가하지 않으니 폭력이라 생각하지 못하고, 욕설과 비방을 하고 따돌리는 행동을 쉽게 저지르고 있어요. 채팅방의 분위기를 핑계 삼아 가볍게 생각하고 가담하는데, 이는 명백한 사이버 폭력이에요.

누구나 경험할 수 있는 사이버 폭력

특정 누군가가 빠진 단체 채팅방에서 그 사람의 험담을 주고받는 일!

단체 채팅방에서 특정 누군가의 말을 모두가 무시하는 일!

SNS의 프로필에 특정 누군가의 험담을 써 두는 일!

특정 누군가의 사진을 마음대로 찍어 SNS에 공유하는 일!

누구나 온라인 공간에서 사이버 폭력을 겪을 수 있어요.

'사이버 폭력'은 정보 통신 기기나 온라인 공간에서 이루어지는 폭언, 따돌림, 협박 등 모든 유형의 가해 행위를 말해요. 그래서 신체적 폭력과는 달리 유형이 아주 다양할 뿐 아니라 누구나 가해자나 피해자가 될 수 있어요. 2022년 방송 통신 위원회에서 조사한 자료에 따르면, 사이버 폭력을 경험한 청소년은 41.6퍼센트나 된다고 해요. 그중 피해 경험은 21퍼센트, 가해 경험은 4.1퍼센트, 가해와 피해를 모두 경험한 비율은 16.4퍼센트나 돼요.

사이버 폭력의 유형

스마트폰 사용이 늘면서 사이버 폭력의 유형은 점점 다양해지고 그 피해는 심각해지고 있어요. 서울특별시 교육청 사이버 폭력 예방 교육 자료에 따르면, 최근 자주 일어나는 사이버 폭력은 따돌림, 언어 폭력, 갈취, 스토킹이에요.

사이버 따돌림은 온라인 공간에서 특정한 사람을 계속 괴롭히거나 참여를 방해하는 행동을 말해요. 특정인의 개인 정보나 허위 사실을 퍼뜨려 고통을 주는 일도 사이버 따돌림에 해당해요. 사이버 언어 폭력은 주로 채팅방이나 게시판에서 일어나는데, 욕을 하거나 악성 댓글을 올리는 일이에요. 사이버 갈취는 사이버 머니(게임 머니), 게임 아이템, 스마트폰 데이터, 교환권 선물 등을 빼앗는 행동이에요. 사이버 스토킹은 상대방이 원하지 않음에도 불구하고 공포심, 불쾌감 등을 유발하는 이메일, 문자 메시지를 반복적으로 보내고 SNS에 지속적으로 방문해서 댓글을 남기는 행위를 가리켜요.

우리도 온라인 공간에서 무심코 폭력을 저지르고 있을지도 몰라요. 자신의 행동이 상대방에게 상처를 줄 수 있다는 사실을 항상 생각해야 해요.

사이버 폭력이 무서운 이유

사이버 폭력은 은밀하게 벌어져 주변에서 알아차리기 어려워요.

비대면 공간에서 일어나는 사이버 폭력은 매우 은밀하게 벌어지고 빠르게 퍼지기 때문에 피해가 심각해질 수 있어요.

SNS에서 나눈 대화는 다른 사람이 쉽게 볼 수 없어요. 그래서 괴롭힘을 당하는 사실을 주변 사람들이 먼저 알아차리기 어려워요. 또 스마트폰만 있으면 언제, 어디서나 벌어질 수 있기 때문에 밤낮, 학교, 집, 학원 등 때와 장소를 가리지 않고 집요하게 괴롭힐 수 있지요. 가해자의 말을 채팅방의 나머지 사람들이 동조하거나 침묵으로 방관할 수 있기 때문에 가해 행동이 집단적으로 이루어지기도 쉬워요. 소문이나 허위 사실 등을 복사해서 퍼 나르는 행동만으로도 빠르게 퍼져 피해가 매우 커지기도 해요.
이렇게 남겨진 온라인 공간의 기록은 완전히 삭제하기 어려워요. 피해자뿐 아니라 가해자의 기록도 영구적으로 남을 수 있어요.

사이버 폭력을 당했을 때는?

사이버 폭력을 당하면 바로 도움을 요청하세요.

먼저, 작은 괴롭힘도 확실하게 거부해야 해요. 그래도 계속 괴롭힌다면 화면 캡처, 녹음 등으로 증거 자료를 남기고 꼭 부모님과 선생님께 말씀드려야 해요. 무엇보다 이런 괴롭힘에 상처받고 지친 몸과 마음을 잘 보살피는 일이 먼저예요. 폭력의 책임은 가해자에게 있어요. 자신을 원망하거나 질책하지 말고 전문 상담사의 도움을 받아 상처받은 마음을 회복하는 일이 가장 중요해요.

또 내가 없는 채팅방에서 나를 험담하고 조롱한 사실을 알게 됐을 때 내 이름이 실제로 거론되지 않았다고 해서 망설일 필요 없어요. 실명이 나오지 않았더라도 나라는 사실을 알 수 있는 증거가 있다면 처벌할 수 있어요. 혼자서 끙끙 앓지 말고 도움을 받을 수 있는 곳에 손을 내미는 것이 고통에서 가장 빨리 벗어나는 방법이에요.

- **피해 신고**

  학교 폭력 신고 센터 전화 117, 문자 #0117
  안전Dream (www.safe182.go.kr)
  경찰청 사이버 범죄 신고 시스템 전화 112(ecrm.police.go.kr)

- 상담

  한국청소년정책연구원 위(Wee) 프로젝트(www.wee.go.kr)

  청소년 사이버 상담 센터 전화 1388(www.cyber1388.kr)

  카카오톡 채널 상담 청소년상담1388, 상다미쌤

사이버 폭력, 예방할 수 있어!

누군가의 비밀이나 헛소문을 가볍게 생각하지 않아야 해요. SNS에서는 게시물의 내용이 순식간에 퍼지니 헛소문을 함부로 올리지 말고, 보거나 들어도 동조하지 않는 것이 좋아요. 당사자에게 큰 상처가 될 수 있기 때문이에요. 또 받은 메시지를 그대로 전달해서도 안 돼요. 연락처, 사진 등의 개인 정보를 상대의 허락 없이 마음대로 인터넷에 올리거나 다른 사람에게 전달하지 않아야 해요. 상대방은 물론이고 본인에게도 문제가 될 수 있어요.

메시지를 보낼 때는 항상 상대방이 어떻게 받아들일지 생각한 다음에 보내요. 얼굴을 마주하고 나누는 이야기와 달리, 메신저로 짧은 글을 주고받으면 때론 의도가 잘못 전달되기도 하거든요. 최대한 정확하게, 예의를 갖춰 쓰도록 해요. 또 상대방의 상황을 생각하고 메시지를 보내는 것이 좋아요. SNS 대화창은 24시간 열려 있지만, 늦은 밤 메시지를 보내거나 상대방이 SNS 대화를 할 수 없는 상황인데 지속적으로 말을 거는 행동은 상대에게 불쾌감을 줄 수 있어요.

4장
채연이의 발자국
- 개인 정보 공개 -

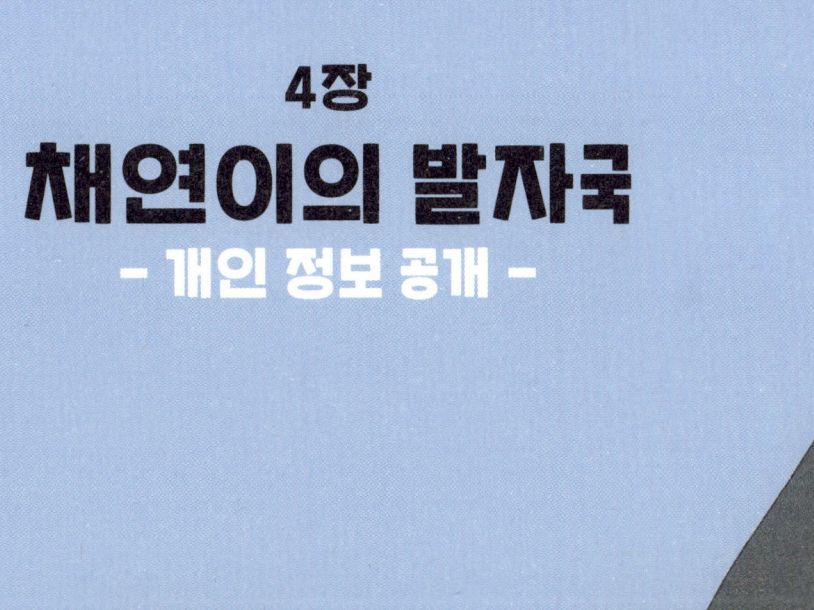

인플루언서가 되고 싶었을 뿐인데

내 롤 모델은 사촌 언니!

매일 아침 채연이는 눈을 뜨자마자 가장 먼저 대학생인 사촌 언니 태희의 SNS를 봐요.

'내가 자는 사이에 언니는 또 얼마나 예쁜 사진을 올렸을까?'

언니의 게시물을 보는 채연이 입에서 감탄이 이어져요. 언니는 어제도 예쁜 옷을 입고 멋진 카페에도 맛집에도 서점에도 갔었나 봐요. 새로 나온 운동화를 신고 운동을 한 뒤에는 착용 후기를 적어 올렸어요. 그뿐만이 아니에요. 아무 말도 하지 않고 두 시간 동안 공부만 하는 동영상도 올렸어요. 언니가 올린 사진과 동영상에 밤사이 엄지척 마크가 어마어마하게 쌓였어요. 역시 태희 언니는 SNS 스타예요.

채연이가 언니 SNS에 한창 빠져 있을 때, 엄마가 방문을 벌컥 열었어요.

"채연이 너, 또 태희 SNS 보고 있니? 얼른 일어나서 밥 먹어."

"엄마, 나 진짜 태희 언니처럼 되고 싶어. 언니 인기 대박!"

"태희처럼 되려면 공부부터 열심히 하세요! 언니가 공부 잘해서 명문 대학에 갔으니까 사람들이 관심을 보이지."

"쳇, 엄마는 순 옛날 사람! 태희 언니가 사랑받는 이유는 예쁘고 감각이 있어서라고!"

엄마는 채연이를 일으켜 어깨를 주무르며 말했어요.

"하긴, 태희가 신통하긴 해. 이모 말로는 SNS로 돈도 번다더라."

"돈을? 어떻게?"

"인플루언서 광고라고 하던데? 내일 우리 동네 새로 생긴 카페에 촬영하러 온다고 하니까, 언니한테 한번 연락해 봐."

신이 난 채연이는 태희 언니에게 바로 메시지를 보냈어요.

> 언니, 내일 우리 동네에 온다는 소식 들음. 나 꼭 보고 가야 함. ㅋㅋ

> ㅋㅋ 안 그래도 연락하려고 했음. 4시까지 우주역 오로라 카페로 와.

특명! 팔로워를 늘려라!

다음 날, 채연이는 카페에 좀 일찍 갔어요. 태희 언니는 카페 인테리어부터 소품 하나까지 정성스럽게 사진을 찍고 있었어요.

"채연이 오랜만이네?"

"나는 언니 SNS를 만날 보니까 매일 보는 사람같이 느껴지는데? 언니, 근데 사진 한두 장 찍어서 올리는 줄 알았는데 엄청 많이 찍네?"

태희 언니는 사람들의 눈길을 끌려면 다양한 각도로 찍어서 가장 잘 나온 사진을 골라야 한다고 했어요. 특히, 이 카페는 광고비를 받기로 해서 더 잘 찍어야 한다고요.

"엄마가 인플루언서 광고라고 하던데?"

"응. 내 SNS 계정을 친구로 추가해서 보는 팔로워가 많아지니까 이런 카페나 기업에서 광고 의뢰가 들어오곤 해."

언니는 채연이에게 예쁜 가방과 옷이 담긴 종이 가방을 내밀었어요.

"SNS 계정에 올려 달라고 기업에서 보내 준 물건들이야. 너한테 어울릴 것 같아서 가져왔어."

"오, 대박! 나도 언니처럼 인플루언서 될래."

"인플루언서가 좋은 점만 있지는 않은데? 게시물 하나를 올리려면 공부도 많이 해야 하고. 어떨 때는 숙제같이 느껴지기도 해."

"학원 숙제보다 천 배, 만 배는 쉬울 것 같은데?"

언니는 내 말에 웃음을 터뜨렸어요.

"그럼, 처음부터 인플루언서가 되겠다는 생각은 하지 말고 일상생활 중에 재미있는 일만 올려 봐. 2주 뒤에 언니가 여기 다시 와야 하니까 그때 만나서 또 얘기해 보자."

태희 언니는 새 게시물을 기대하며 SNS에 들어오는 사람들을 위해 매일 일기 쓰듯 게시물을 올린다고 했어요. 마음이 급해진 채연이는 집에 가는 길에 바로 사진을 찍어 자신의 SNS에 올렸어요.

그날 이후, 채연이는 게시물을 꾸준히 올렸어요. 하지만 생각보다 방문자 수가 늘지 않았어요. 채연이는 좀 실망스러웠어요. 그런데 샤프 후기를 올리고 방문자 수가 갑자기 늘어났어요.

댓글

- jin 사려고 했는데 후기 감사.
- ABC 동생아, 이번 생일 선물은 이거다!
- KK123 님 믿고 사 볼게요.
- shina 단원 평가만 대박? 수능은요?
- woo 문구 덕후는 당장 문구점으로 고고!

새로 산 샤프가 필기감이 좋아 게시물을 올렸는데 달린 댓글도 많았어요. 댓글을 읽는 일은 생각보다 재밌었어요. 하나하나 답글을 달다 보니 채연이의 눈길을 끄는 댓글이 하나 있었어요.

- BLACK STEP 너, 우주 초등학교 6학년이냐?

'어? 우리 학교는 어떻게 알았지? 신기하네. 혹시 아는 사람인가?' 채연이는 작성자 아이디를 보고 생각해 봤지만, 도무지 떠오르는 사람이 없었어요.

난 개인 정보를 올린 적이 없는데

그 후 2주 동안 채연이는 열심히 게시물을 올렸어요. 하지만 팔로워 수는 크게 늘지 않았어요.

'좀 이따가 언니 만나니까, 다른 비법이 있는지 캐물어야겠어!'

영어 학원에서 가방을 싸며 채연이는 다짐했어요. 엘리베이터를 타고 내려가는데 3층에서 어떤 중학생 오빠가 헐레벌떡 뛰어와 엘리베이터를 탔어요. 그러더니 채연이를 보고 놀란 표정을 지었어요. 오빠는 약간 머뭇거리다 아는 척을 했어요.

"너, 우주 초등학교 6학년이지? 올100 학원 다니는 건 알고 있었는데 진짜로 보니까 신기하다."

"누…구? 오빤 누군데 제가 다니는 학교까지 알아요?"

"어? 어, 그게……."

"제 정보를 어떻게 알았냐고요! 오빠, 스토커예요?"

채연이는 당황해서 소리쳤어요. 그 오빠는 좀 황당해하며 말했어요.

"스토커? 네 SNS를 보면 다 알 수 있는데?"

"내가 언제요? 내가 언제 그런 정보를 올렸냐고요!"

엘리베이터가 1층에 도착하자 채연이는 소리를 꽥 지르고 내렸어요. 센 척은 했지만, 모르는 사람이 자신의 정보를 다 알고 있다고 생각하니 무서웠어요.

채연이는 태희 언니를 만나기로 한 카페로 달려갔어요. 언니에게 중학생 오빠를 만났던 이야기를 하니, 언니는 채연이 SNS를 유심히 살펴봤어요.

"음, 정말 네 게시물을 보면 다 알 수 있는 정보들이네."

"어디? 난 한 번도 개인 정보를 올린 적이 없는데?"
"직접적으로 올리진 않았지만, 다 유추할 수 있는 내용이야. 봐 봐."

왜 ==3번 출구==에만 에스컬레이터가 없냐고!
하지만 힘들게 ==계단을 올라오면 예쁜 카페가 딱==!
==#우주역3번출구== ==#우리동네신상카페오로라==

==로제 떡볶이==지만 은근 맵다는 게 함정.
매운맛 달래 주는 ==달고나 토스트==가 있다는 게 ==이 집만의 치트 키==.
==#로제떡볶이맛집== ==#달고나토스트== ==#우리학교앞맛집==

==자습실== 이름이 ==스파르타실==.
들어가는 순간; 지옥행.
==학원 이름==부터가 ==올100==임. ㅋㅋ
==#올100학원==다니면너도올100 #일타강사맛집 ==#레벨2반쌤최고!==

"아예 우주역이라고 썼고, 카페 이름과 사진도 올렸으니 네가 사는 동네를 알 수 있어. 로제 떡볶이랑 달고나 토스트는 흔한 메뉴 조합이 아니잖아. 이렇게 특색 있는 음식은 포털 사이트에 검색하면 어느 동네에 있는 식당인지 쉽게 알 수 있어. 심지어 너희 학교 앞 맛집이라고 썼으니 네가 다니는 초등학교도 알 수 있지. 올100 학원은 아예 다니는 티를 팍팍 냈고 심지어 채연이 네가 레벨 2반인 것도 알겠는데? 그리고 여기 샤프 후기 사진에 필기한 내용은 6학년 과정이고 말이야."

언니는 채연이가 올린 게시물로 채연이가 어느 동네에 살고, 어느 학교 몇 학년이고, 어느 학원에 다니는지도 알 수 있다고 했어요. 언니가 조목조목 지적하는 말에 채연이는 깜짝 놀랐어요. 나름대로 개인적인 정보는 올리지 않으려고 애썼는데……. 자기 스스로 다 알려 준 셈이었어요. 채연이는 한숨이 푹 나왔어요. 다짜고짜 스토커 취급해 버린 그 오빠에게도 미안했어요.

"언니, 인플루언서가 되는 길은 참 어렵다."

"하하, 우리 채연이 벌써 포기하는 거야?"

태희 언니는 채연이의 어깨를 두드리며 개인 정보가 노출되지 않게 게시물을 올리는 방법부터 차근차근 알아보자고 했어요.

채연이에게 들려주는 개인 정보 공개 이야기

별생각 없이 SNS에 내 일상을 올리면 채연이처럼 생각지도 못한 문제가 생길 수 있어요. SNS(Social Network Service, 소셜 네트워크 서비스)가 말 그대로 사람과 사이를 연결해 주는 서비스이기 때문이지요. SNS는 나의 일상을 올린다는 점에서는 사적인 매체지만, 사람들과 일상을 공유하며 소통한다는 점에서는 공적인 매체예요. 이런 특성을 생각하지 않고 SNS에 게시물을 올리다 보면 의도치 않게 내 개인 정보를 모르는 사람들에게 알려 주게 되고, 이로 인해 위험한 일이 벌어질 수도 있어요.

개인 정보와 사생활

개인 정보는 개인의 신분, 지위, 신체 특징, 재산 등 누구인지를 특정할 수 있는 정보를 말해요. 이름, 생년월일, 주민 등록 번호, 주소, 학력, 직업, 경력, 건강 상태, 키, 몸무게, 장애 정도, 지문, 소득, 재산 목록, 은행 거래 내역 등이 모두 개인 정보지요.

그럼 사생활은 뭘까요? 사생활은 내가 언제 어디에 갔는지, 어떤 학원에 다니는지, 누구를 만났는지, 무엇을 했는지, 무엇을 좋아하고 싫어하는지 등 개인적인 일상생활을 말해요. 사생활을 보호받을 권리를 프라이버시라고 하는데 사람과 사람이 거미줄처럼 연결된 디지털 세상에선 개인 정보나 프라이버시를 지키기 어려워요. 그래서 더욱 조심해야 하지요.

SNS 게시물로 모르는 사람이 내 개인 정보를?

공개하지 않으려고 해도 SNS에 올린 게시물의 사진이나 글을 통해 개인 정보와 사생활이 노출될 수 있어요. 교복 등 학교 이름이 드러나는 물건, 상점 이름이 나오는 사진, 특정 학원 이야기, '우리 동네 학원 건물 화재' 같이 동네 이름을 알 수 있는 사건·사고에 관한 기록, 이용하는 지하철역의 이름, 동네 이름이 보이는 이정표 등과 같은 게시물은 개인 정보를 알려 주는 힌트가 될 수 있어요.

이 게시물을 한번 볼까요? 이 게시물로 알 수 있는 정보가 많아요. 먼저 게시자의 학교와 학년, 반, 성별, 생년월일을 알 수 있어요. 그리고 오빠가 발목 인대가 늘어났다는 사실, 아빠가 OO항공 직원이라는 사실, 8월 7일부터 5일 동안 태국에 머문다는 사실까지 알 수 있어요. 이렇게 게시자는 게시물에 무심코 개인 정보와 사생활을 노출했어요. 만약 이 게시물을 '전체 공개'로 설정했다면 세상 모든 사람들이 게시자의 정보를 알 수 있게 돼요. 바로 비공개로 바꾸더라도 누군가가 게시물을 캡처했다면, 디지털 세상에 영원히 박제될 수 있어요.

SNS 게시물로 어디에 사는지, 누구인지 알아내 스토킹한 사건도 있었고, 아이가 몇 시에 어느 학원에 가는지 파악해 아이를 유괴한 사건도 있었어요. 또, 미국과 영국에서는 SNS에 휴가 계획을 올린 사람들의 집만 골라서 도둑질한 범인이 잡힌 적도 있었지요. 특정한 사람들에게만 공개하는 게시물이라도 올리기 전에 다시 한번 꼼꼼하게 살펴봐야 해요.

내 정보는 내가 지키자!

사람과 사람이 연결된 SNS에서는 순식간에 정보가 전달돼요.

SNS에 올린 게시물은 인터넷을 타고 아주 멀리까지 퍼질 수 있음을 늘 염두에 둬야 해요.

SNS는 우리의 예상보다 많은 사람들이 연결되어 있어요. 나의 친구가 친구의 친구일 수 있고, 몰랐던 친구를 새롭게 알게 될 수도 있어요. 촘촘하게 연결된, 누가 볼지 모르는 SNS에서 내 정보를 보호하려면 다음 원칙을 지키세요.

내 사진과 이야기가 게시되는 것을 원치 않을 때는 상대에게 꼭 말을 해요. 친한 사이라고 망설이지 말고 "나는 사진 찍지 않을게.", "사진에서 내 얼굴은 가려 줘.", "내 이름은 빼 줘." 등과 같이 정확하게 의사를 표현해야 해요. 나 역시도, 허락 없이 다른 사람의 사진과 정보를 게시물로 올리지 말아야 해요.

다른 사람의 개인 정보도 중요해!

우리가 디지털 세상에서 활동할 때 자신의 개인 정보는 보호하려 주의를 기울이는데, 타인의 것은 무심코 노출해 버리는 경우가 있어요.

예를 들어 볼까요? 친구가 아주 예쁘고 멋진 사진을 SNS에 올렸어요. 그럼 우리는 "네가 태양 초등학교에서 제일 예뻐!", "12살이 벌써 이렇게 멋지면 반칙!" 등과 같이 칭찬하는 댓글을 남겨요. 그런데 이 댓글에서 우리는 원래 의도와는 다르게 친구가 다니는 학교와 나이 등의 개인 정보를 노출했어요. 또 친구와 즐거웠던 순간을 찍은 사진을 내 SNS에 올리는 일도 문제가 될 수 있어요. 친구는 사생활을 알리고 싶지 않은데, 내가 마음대로 SNS에 올려 버리면 친구는 원치 않는 디지털 발자국을 남기게 되지요. 누구나 볼 수 있는 게시물과 댓글에 다른 사람의 개인 정보와 관련된 내용을 남겨 사생활을 침해하지 않도록 주의해야 해요.

누구에게, 어디까지 공개할까?

내 SNS의 공개 범위를 설정하면 좋아요.

평소 즐겨 사용하는 SNS 계정의 설정 메뉴에 들어가 보세요. '전체 공개', '친구에게만 공개', '비공개' 등 이용자 스스로 공개 범위를 설정할 수 있어요. 내 게시물의 특성을 고려해 어디까지 공개 범위를 정하면 좋을지 고민해 보세요. 혼자서 기준을 세우기 어려울 때는 어른들과 의논하면 좋아요. 내 정보를 지킬 줄 아는 능력은 디지털 세상을 살아가는 데 아주 중요해요.

내 게시물에 가족들의 정보와 얼굴을 공개할지도 고민해 봐야 해요. 먼저 가족들의 의견을 듣고, 공개했을 경우 어떤 문제가 생길지도 예상하며 기준을 정해야 해요. 자녀가 성장하는 모습을 기록하고 싶어 부모가 SNS에 올렸던 사진이 놀림의 원인이 된 적도 있고, 자식이 올렸던 부모의 사진이 사회생활에 지장을 주는 경우도 많아요.

게시물에 장소나 날짜, 시간 등을 정확하게 올리는 일이 때론 위험할 수도 있어요. 현재 상태를 알려 주는 게시물은 범죄에 이용될 수 있으니 친구들과 아는 사람들만 볼 수 있게 설정해야 안전해요.

5장
지민이의 발자국
- 영상 콘텐츠 -

그렇게 편집될 줄 몰랐어요

우리들의 참새 방앗간, 화장품 매장!

매달 마지막 토요일은 지민이에게 제일 행복한 날이에요. 단짝 친구 나윤이와 화장품 매장에 가는 날이기 때문이에요. 그럼 다른 날에는 안 가냐고요? 그건 아니죠. 하지만 매달 마지막 토요일에는 딱 하나지만 엄마가 화장품 사는 걸 허락하고 용돈도 주니까, 특별히 행복한 날이에요.

그날도 역시, 아무도 깨우지 않았는데 지민이는 눈이 번쩍 떠졌어요. 시계를 보니 나윤이와의 약속 시간이 세 시간이나 남았어요. 지민이는 나윤이에게 메시지를 보냈어요.

안녕, 나윤! 일어났어?

당연하지.
너무 설레~♡

히히, 나도.
어제 러블리페이스 유튜브 보다가
12시 넘어서 잤거든.
근데 이렇게 일찍 일어났어.
어제 러블리페이스 언니가 립스틱을 추천했거든?
나는 오늘 그걸로 찜!

안 되겠다. 우리 30분 일찍 만날까?

웅웅. 이따 봐~^^

지민이와 나윤이는 지하철을 탔어요. ○○ 대학 앞에 어마어마하게 크고 화장품도 마음껏 써 볼 수 있다고 소문난 화장품 매장이 있는데, 그곳에 가기로 했거든요.

"우와, 진짜 크다. 3층 모두 화장품 매장이야."

"저기 공주 방 같은 곳은 뭐지? 가 보자, 가 보자."

공주 방처럼 꾸며 놓은 곳은 편안하게 샘플 화장품을 써 보는 공간이었어요. 둘은 한쪽에 자리를 잡고 앉았어요. 지우고 다시 그리고, 지우고 다시 바르고. 둘은 화장을 하며 아주 신이 났어요.

"나윤아, 수학 문제는 한번 풀면 다시 풀기 싫은데, 화장은 왜 지우고 다시 해도 질리지가 않을까?"

"헉! 이 재밌는 화장을 지루한 수학 따위와 비교하다니!"

"내가 잘못했네, 잘못했어. 어! 이거 어제 러블리페이스 언니가 추천한 립스틱이다!"

지민이는 립스틱을 바르고 나윤이에게 어떠냐고 물었어요. 나윤이는 엄지를 척 올리며 예쁘다고 했어요.

"지민아, 우리 대학에 가면 꼭 뷰티 유튜버가 돼서 같이 활동하자!"

"좋지! 나, 진짜 화장 잘할 수 있거든. 러블리페이스 언니보다 더 잘할 수 있어!"

그때, 모자를 푹 눌러쓴 누군가가 다가왔어요. 그리고는 "진짜?" 하고 물으며 모자를 살짝 올렸어요.

"헉! 언니?"

어떻게 이런 일이? 100만 구독자를 자랑하는 러블리페이스 언니였어요.

우리가 인기 유튜버의 방송에 나가다니!

"정말 나보다 화장을 더 잘할 수 있어?"

러블리페이스 언니는 웃으며 물었어요.

"아, 아니, 언니보다 잘할 수 있다는 게 아니라… 잘하고 싶다… 뭐, 그런…….'"

지민이는 민망해서 말까지 더듬었어요. 언니는 한쪽 눈을 찡긋하며 봐준다는 듯 손가락으로 동그라미 표시를 했어요.

"아닌 게 아니라 너희 정말 감각 있어 보여. 아주 예쁘게 잘하는데? 너희 혹시 내 방송에 나올래?"

"저희가 언니 방송에요?"

"응, 요즘 초등학생들도 화장을 많이 하는데 직접 이야기해 보는 시간을 갖고 싶었거든. 출연해 주면 고맙겠는데?"

"고맙다니요? 저희가 고맙죠! 나갈게요, 나갈게요."

흥분해서 소리를 지르는 지민이 옆구리를 나윤이가 푹 찔렀어요.

"방송 출연은 부모님께 여쭤봐야 해요. 혹시 내일까지 연락드려도 될까요?"

'나윤이 애는 또 왜 이럴까? 분위기 이상하게.'

지민이는 언니 마음이 바뀔까 봐 걱정이 됐어요.

"그래. 여쭤봐야지. 출연료도 있으니까 참고하고. 내일 꼭 연락해 줘."

언니는 립스틱도 하나씩 선물해 주고 갔어요.

"와! 우리가 러블리페이스 언니 방송에 초대를 받다니! 나윤이 넌 싫어?"

"아니, 싫지는 않은데, 방송이면 영구적으로 박제되니까. 좀 생각해 봐야지."

지민이와 나윤이는 집에 가서 부모님과 얘기해 보기로 했어요. 역시 지민이 엄마도 조심스러운 반응이었어요. 지민이는 엄마에게 친구 희수에게 있었던 일을 얘기해 줬어요. 희수도 인기 유튜브 방송에 나가서 학교에서 인기도 많아지고, 선생님과 아이들의 관심을 받다 보니 공부도 엄청 열심히 하고 있다고요.

"나도 희수처럼 공부 열심히 할게요, 엄마. 응? 응?"

결국 지민이는 출연 허락을 받았어요. 그리고는 기쁜 소식을 바로 나윤이에게 알렸어요.

"나윤아! 울 엄마는 오케이!"

"우리 엄마도 좀 걱정되긴 하지만, 좋은 추억이 되겠다고 허락하셨어!"

"와, 신난다. 우리가 유튜브에 진출하다니!"

우리가 화장에 미친 초등학생이라고?

방송 촬영이 있던 날.

지민이는 나윤이와 한껏 멋을 부리고 러블리페이스 언니가 알려 준 장소로 갔어요. 언니는 방송이니까 조금 더 진하게 화장을 해야 한다고 했어요.

"너무 진하게 하면 어색한데……."

지민이가 망설이자, 언니는 직접 화장을 해 주며 눈이랑 입술이 진해야 화면에 예쁘게 나온다고 말했어요.

드디어 촬영이 시작되고 언니가 섭외할 때 말한 대로 초등학생들이 많이 쓰는 화장품과 화장법에 관한 이야기를 나눴어요. 그런데 언니는 그 얘기는 아주 짧게 끝내고 다른 것들을 더 많이 물어봤어요.

'화장이 너무 하고 싶어서 이렇게까지 해 봤다', '화장품을 부모님

몰래 숨기는 방법', '내가 산 제일 비싼 화장품은 얼마?' 같은 질문들이었어요.

쉬는 시간, 복도에서 나윤이가 걱정스러운 표정으로 지민이에게 물었어요.

"지민아, 좀 이상하지 않아? 왜 자꾸 저런 것만 물어볼까?"

"너무 진지하기만 하면 재미없잖아. 재미없는 방송을 누가 보겠어? 언니가 전문가니까 언니가 시키는 대로 하면 되겠지, 뭐."

나윤이가 한번 물어보겠다고 했지만, 지민이는 많은 사람들이 일하는데 귀찮게 하는 것 같다며 말렸어요. 그렇게 촬영이 끝났어요. 편집된 동영상은 며칠 안에 유튜브에 올라온다고 했어요.

지민이는 눈이 빠지게 동영상을 기다렸어요.

'일주일 정도면 동영상이 올라온다고 했는데 왜 소식이 없지?'

그때, 나윤이에게서 메시지가 왔어요.

'우리가 화장에 미친 초등학생이라고?'

섬네일 화면에는 지민이와 나윤이 눈이 마치 범죄자처럼 검은색 띠로 가려져 있었어요. 지민이는 쿵쾅쿵쾅 가슴이 뛰었어요. 동영상 재생 버튼을 누르는 손도 벌벌 떨렸어요.

초등학생만 아는 화장법, 초등학생이 많이 쓰는 화장품에 관한 이야기는 아예 없었어요. 진한 화장을 한 두 여자아이가 부모님 몰래 산 화장품을 숨기는 법, 비싼 화장품을 사기 위해 악착같이 용돈을 모은 일을 얘기하는 모습만 있었어요. 지민이와 나윤이를 모르는 사람이 영상을 본다면 공부는 전혀 하지 않고 오로지 화장만 생각하며 사는 한심한 아이들이라고 생각할 것 같았어요. 댓글은 더 끔찍했어요.

댓글

 요즘 초딩들 답이 없……

 이 나라가 어찌 되려고 어린 것들이 화장을!

 얘들아, 얼굴보다 마음이 중요하단다.

 그럴 돈으로 우유나 더 사 마셔라. 화장품이 웬 말이냐?

 머리에 ×만 가득찬…….

'이제 어쩌지?'

다리에 힘이 풀린 지민이가 의자를 찾아 두리번거릴 때였어요. 나윤이에게서 전화가 왔어요.

"지민아, 동영상 봤지? 우리 가만히 있으면 안 되겠어."

"뭘 어떻게 해야 할지 난 아무것도 모르겠어."

"그렇다고 바보같이 가만히 있을 수는 없잖아?"

"그래, 일단 부모님한테 얘기하고 러블리페이스 언니한테 전화해 보자."

지민이는 나윤이와 함께 용기를 내기로 했어요. 이 영상이 영구적으로 박제되도록 내버려 둘 순 없으니까요.

지민이에게 들려주는 영상 콘텐츠 이야기

지민이는 출연한 영상 콘텐츠 때문에 상처를 받았을 뿐 아니라, 큰 피해를 입게 됐어요. 이런 일이 벌어지는 이유는 유튜브 같은 동영상 공유 플랫폼의 생태계 때문이에요. 지금은 누구나 콘텐츠를 만들어 인터넷에 올릴 수 있는 세상이에요. 사람들이 콘텐츠를 본 조회 수에 따라 광고가 붙고 이는 바로 콘텐츠를 만든 사람의 경제적 이익으로 연결되지요. 그래서 일부 콘텐츠 제작자들은 무분별하게 정보와 영상을 조작하고 과장된 제목, 자극적인 섬네일로 사람들을 유혹해요. 콘텐츠 정글에서 길을 잃지 않으려면 영상에 출연하고, 영상을 보고, 영상을 만드는 일 모두 주의가 필요해요.

영상 콘텐츠에 출연할 때

출연 요청을 받았을 때는, 무조건 승낙하지 말고 반드시 부모님과 의논하고 출연 계약서를 요구하세요. 보건 복지부에 속한 아동 권리 보장원은 온라인 콘텐츠에 출연하는 어린이의 권리 침해를 예방하려면 다음 사항을 꼭 확인하라고 얘기했어요.

계약서에는 촬영 의도, 날짜, 시간, 영상이 업로드되는 채널 이름, 기간, 2차 콘텐츠 제작 여부 등 촬영과 관련된 구체적인 내용이 적혀 있어야 해요. 필요에 따라서 영상이 업로드되기 전에 볼 수 있는 기회를 달라고 요구할 수 있어요. 또한 출연에 대해 사전에 충분히 설명을 들어야 하고, 그와 다르게 촬영이 진행되거나 영상이 업로드된다면 영상을 올린 사람에게 삭제를 요청할 수 있어요. 문제가 생겼을 경우, 혼자 결정하지 말고 재빠르게 부모님, 전문가 등과 의논하는 것이 영상으로 인한 피해를 최대한 줄일 수 있는 방법이에요.

만약 내 사진이 부정적인 내용의 콘텐츠에 쓰인 사실을 알게 됐다면, 초상권 침해와 명예 훼손을 주장할 수 있어요. 한 대학생은 한껏 멋을 부리고 찍은 자신의 졸업 사진이 '과소비를 비판하는 콘텐츠'에서 과소비 사례로 쓰인 사실을 알게 됐어요. 그는 해당 신문사를 상대로 소송을 제기했고 초상권 침해를 인정받아 배상금을 받았어요.

영상 콘텐츠를 만들 때

영상 콘텐츠를 만들 때는 영상이 타인에게 미치는 영향까지 고려해야 해요.

디지털 세상에서는 누구나 영상 콘텐츠 크리에이터가 될 수 있지만 좋은 크리에이터가 되려면 노력이 필요해요. 자유에는 늘 책임이 따른다는 사실을 알고 있지요?

간혹 초등학생들이 만들어 게시하는 영상 중에 지나친 장난으로 눈살을 찌푸리게 하는 경우가 있어요. 사람들의 관심을 받기 위해 '흥밋거리'에만 집착하다 보니 의식하지 못한 채 비난받을 만한 행동을 영상에 담기도 해요. 모르는 집의 초인종을 누르고 도망가는 영상, 친구를 가둬 놓고 반응을 살피는 영상, 베란다에서 지나가는 행인에게 물을 뿌리는 영상 등 초등학생의 일탈이 담긴 영상들이 많아요. 영상을 만들 땐 타인에게 피해를 주지 않는지, 법에 어긋나지 않는지, 혐오감을 주지 않는지 늘 생각해야 해요. 나쁜 행동으로 관심을 받고 이익을 얻는 일은 바람직하지 않아요. 인터넷에 올린 나쁜 콘텐츠 하나가 대학 불합격, 취업 제한 같이 장래에 큰 걸림돌이 될 수도 있다는 사실을 잊지 마세요. 영상 콘텐츠 크리에이터가 되기로 마음먹었다면 모두에게 즐거움을 줄 수 있는 건전한 영상을 만들려 노력해야 해요.

영상 콘텐츠를 볼 때 지켜야 할 3가지

1. 알고리즘의 노예가 되지 말자

유튜브에 접속하면 홈 화면에 내가 최근에 검색했거나 시청했던 영상과 비슷한 것들이 떠요. 보고 싶은 영상이 계속 나오는 이유는 유튜브의 추천 알고리즘이라는 서비스 때문이에요. 유튜브 이용자의 70퍼센트가 알고리즘에 연결된 영상을 본 경험이 있다고 해요. 나이가 어리거나 자제력이 부족해서 유튜브 영상에 빠지는 게 아니에요. 유튜브가 우리가 좋아하는 것을 아주 잘 알고 있기 때문이지요. 나도 모르게 유튜브 영상에 빠져 노예가 되기 전에 시청 시간과 내용을 적절하게 통제하는 조절 능력이 필요해요. 자신이 없다면 추천 동영상을 막는 방법도 있어요. 설정 메뉴에서 유튜브 시청 기록과 검색 기록을 삭제하고 알고리즘을 초기화하거나 재설정해 보세요.

2. 불건전한 동영상은 보지도 말자

유튜브를 비롯한 SNS에서 지나치게 폭력적이거나 선정적인 영상이 나와 문제가 되는 일이 계속 늘고 있어요. 동물을 학대하는 영상, 타인을 위험한 상황에 처하게 하는 영상, 음식점에서 비위생적인 행동을 하는 영상, 마트에 진열된 상품을 몰래 먹는 비도덕적인 영상 등 불건전한 동영상은 수도 없이 많아요. 이런 영상은 아예 보지 않는 것이 가장 좋아요. 만약 이런 영상에 재미를 느끼고 있다면 더 빠져들기 전에 어른들과 의논하고 건전한 가치관이 담긴 동영상에서 재미를 찾을 수 있도록 노력해야 해요.

3. 디지털 세상 속 정보를 비판하며 접하기

디지털 세상에는 유익하고 흥미로운 정보도 많지만, 우리 사회에 악영향을 끼치는 나쁜 정보도 많아요. 그래서 잘못된 정보인지 아닌지 우리 스스로가 잘 살펴봐야 하지요. 먼저, 의심스러운 정보가 있다면 다른 사이트에서도 찾아보고, 서로 다른 점은 없는지 확인해요. 또 영상을 그대로 믿지 말고 '딥페이크(deepfake)'라는 첨단 조작 기술로 만들어진 영상은 아닌지 확인해 보세요. 의심이 가는 부분이 있다면 선생님이나 부모님과 이야기를 나눠요. 만약 법을 어겼거나 잘못된 정보가 담긴 영상이라면 '신고하기' 기능을 사용해서 널리 퍼지는 일을 막아야 해요. 이는 디지털 시민으로서 정당한 권리를 행사하는 일이에요.

위험한 SNS 챌린지, 멈춰!

SNS 챌린지는 도전을 뜻하는 챌린지(challenge)에 해시태그(#)를 붙여 SNS에서 도전을 수행하고 사람들끼리 계속 이어가는 일이에요. 2014년 루게릭병 환자를 돕기 위한 '아이스 버

위험한 SNS 챌린지를 절대 따라 하면 안 돼요.

킷 챌린지'가 그 시작이었어요. 머리 위로 얼음물이 꽉 찬 통을 뒤집어써 환자가 느끼는 고통에 관심을 갖고 응원하자는 의도였는데 많은 사람이 참여해 눈길을 끌었지요.

그 후 흥미 위주의 챌린지가 많이 생겨났어요. 유행하는 노래의 특정 구간에 맞춰 춤을 추는 도전, 특정 카메라 필터로 사진을 찍어 올리는 도전 등 챌린지는 SNS에서 즐기는 하나의 놀이 문화가 되었어요.

그런데 챌린지 문화가 문제가 된 적이 있어요. 미국에서 한 소녀가 숨 참기 챌린지를 따라 하다가 자신의 집에서 숨진 채 발견됐고, 이후에도 같은 챌린지로 5명의 어린이가 사망했어요. 어린이와 청소년들은 유행에 민감할 뿐 아니라 또래들과 같이 즐기고 싶어 하는 심리가 있어요. 이런 특징 때문에 챌린지 문화에 쉽게 빠질 수 있지만, 안전하지 않은 챌린지를 절대 따라 해서는 안 돼요. 디지털 세계에서 자신의 안전을 지키기 위해서는 유혹을 이기려는 노력이 필요해요.

6장
상인이의 발자국
- 인터넷 사기 -

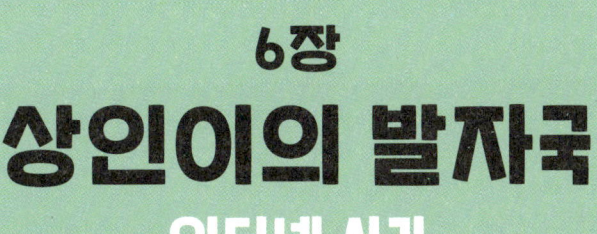

이게 다 게임 머니 때문이에요!

게임 머니는 늘 부족해

"예비 중학생! 게임 그만해야지!"

상인이 아빠는 상인이가 6학년이 되자, '예비 중학생'이라고 불렀어요. 그러면서 공부를 열심히 해야 한다고 학원을 더 추가하고 게임 규칙을 새로 정했어요.

"너에게 선택권을 줄게. 일주일에 게임 한 시간만 하고 게임 머니 만 원을 받을래? 아니면 하루에 30분씩 하고 게임 머니는 받지 않을래? 골라 봐."

"아빠! 진짜 자비가 없으시네요. 하루에 30분씩 게임 하고 게임 머니도 받으면 안 될까요?"

"둘 중에 하나만 고르거라, 아들아."

상인이는 이틀을 고민하고 '하루 30분, 게임 머니 없음'을 선택했어요. 우선 게임을 하루라도 안 하는 일은 상상할 수도 없었어요. 또 게임을 하다 보면 임무 완수에 따라 포인트를 주는 이벤트도 있기 때문에 게임 머니는 조금씩 모을 수 있을 것 같았거든요.

그날부터 상인이는 게임 머니를 주는 모든 이벤트에 참여했어요.

'어? 이름하고 휴대폰 번호만 넣어도 게임 머니를 준단 말이야? 안 하면 바보지.'

'뭐야? 이건 더 간단하잖아. 쇼핑몰은 가입만 하고 들어가지 않으면 되니까.'

상인이는 닥치는 대로 이벤트에 응모했어요. 하지만 아무리 알뜰살뜰 게임 머니를 모아도 원하는 게임 아이템을 사기엔 턱없이 부족했어요. 그런데 그때, 상인이가 갖고 싶은 아이템을 가진 상대를 만났어요. 그 사람은 게임 레벨도 엄청 높았어요.

게임에서 만난 친절한 형

상대방은 고등학생이라며 상인이에게 그냥 형이라고 부르라고 했어요.

> 형, 그 아이템 활용하면 레벨 올릴 수 있어요?
>
> 응. 아무래도 그렇지. 그래서 사람들이 아이템을 사는 거고.
>
> 전 게임 머니가 없어서 못 사요.ㅠㅠ
>
> 내가 몇 가지 요령을 알려 줄게.

형은 처음 만났는데도 상인이에게 친절하게 게임 비법을 알려 줬어요. 그대로 따라 하니 게임이 아주 잘됐어요. 형 덕분에 게임 레벨이 순식간에 두 단계나 올랐어요.

> 형, 고마워요.
> 혹시 내일도 우리 만날 수 있을까요?

> 그래. 난 늘 이 시간에 들어오니까 그때 보자.
> 내가 친구 신청했어. 받아 줘.

> 옙! 받았습니다. 내일 꼭 만나요. 형!

다음 날, 상인이와 형은 또 만나서 게임을 했어요. 상인이가 계속 지자, 형에게 좀 미안했어요.

> 형은 형처럼 잘하는 사람들하고 해야 하는데, 저랑 하니까 재미없죠?

> 아니, 괜찮아. 그리고 가르쳐 주는 대로
> 네가 잘 따라 하니까 기분 좋은데.

> 엄마가 제가 공부를 안 해서 그렇지,
> 머리는 좋다고… (죄송)

> ㅋㅋ 너, 게임 하는 거 보면 머리 좋아.
> 아이템만 좀 있으면 더 잘할 텐데.

> 그러니까요.

> 아! 이번 주말에 열리는
> 게임 머니 주는 리그에 참가하니?

> 저, 블루 레벨보다 낮잖아요.
> 그거 블루부터 참가할 수 있어요. ㅠㅠ

> 음, 내가 네 대신 게임 하면
> 블루 레벨까지 금방 올릴 수 있는데….

> 형! ㅠㅠ (감동)

  상인이는 형의 배려가 너무 고마웠어요. 텔레비전에서 가족보다 더 좋은 남도 있다는 말을 들은 적이 있는데, 이 형을 두고 하는 얘기 같았어요. 형에게 게임 계정과 비밀번호를 알려 주니 형은 정말 20분도 안 돼서 게임 레벨을 블루까지 올려 줬어요.

> 근데 상인아, 너 아무한테나 게임 계정이랑 비밀번호 알려 주면 안 돼.

> 에이, 형이니까 알려 줬죠. 형한테는 더한 것도 알려 줄 수 있어요. 사실은 그거 아빠 계정인데요. 우리 아빠는 모든 인터넷 사이트의 아이디랑 비밀번호가 같아요. 완전 단순하죠? ㅋㅋ

> 상인아, 조심해야 해. 나 말고 절대 다른 사람에게 이런 정보 알려 주면 안 돼.

> 그럼요. 형이니까요! ^^

상인이는 형이 실력도 좋고 마음씨도 고운 천사라는 생각까지 들었어요.

천사의 탈을 쓴 악마였다니!

게임 머니를 주는 리그가 얼마 남지 않았어요. 형이 블루 레벨까지 올려 줘서 참여할 수 있게 됐지만, 아이템이 없으니까 상인이 실력으로는 역부족이었어요.

상인아, 준비 잘돼 가?
아이템이 없으니까 힘들지?

네, 아이템 장벽이 너무 높아요. ㅠㅠ

그래서 말인데 내가 너한테 아이템을
사 줄 방법이 없을까 생각해 봤어.

형~, 진짜 감동이에요.

내가 네 계정으로 들어가서
게임 머니를 충전해 놓으면 될 것 같아.

그게 가능해요?

너희 아빠 카드 번호랑 결제 계좌 번호만 알면
내가 돈을 넣어 놓을 수 있다고 하더라.

아빠가 알면 혼날 텐데….

아이템을 살 돈을 넣어 놓는 거라
흔적도 남지 않는대.

진짜요? 우아! 형은 진짜 천재!

상인이는 형이 자신을 이렇게까지 생각하는 줄 몰랐어요. 깊은 감동에 가슴이 먹먹해졌어요. 아빠 카드 번호랑 계좌 번호를 알아내는 일은 어렵지 않았어요. 스마트폰을 살 때 받은 서류에 다 적혀 있었거든요. 상인이는 그 서류를 찾아 형에게 번호를 알려 줬어요. 형은 돈을 넣어 놓을 테니 다음 날 만나서 필요한 아이템을 같이 고르자고 했어요.

'무슨 아이템을 살까?'

상인이는 온통 게임 생각으로 머릿속이 가득해 쉽게 잠들지 못했어요.

그런데 다음 날, 형은 게임에 들어오지 않았어요.

'게임 할 수 있는 시간이 30분밖에 안 되는데 왜 안 들어오지? 사고라도 났나?'

10분, 20분, 25분. 형을 걱정하던 마음은 차츰 혹시나 하는 의심으로 변해 갔어요.

그때 아빠에게서 전화가 왔어요.

"너, 지금 어디야! 도대체 게임 하면서 뭘 샀어! 얼마인지 알고는 산 거야? 설마 쇼핑도 했니? 쇼핑몰 결제 금액은 또 뭐야!"

상인이는 머리가 띵했어요.

"아빠, 잠깐만요."

상인이는 급히 게임에 로그인을 시도했어요. 그런데 자꾸만 비밀번호가 맞지 않다는 메시지가 떴어요. 그제서야 상인이는 형의 실체가 짐작됐어요. 하지만, 자신을 위해 게임 비법도 알려 주고 레벨도 올려 준 형이 천사가 아니라 악마였다는 사실이 믿기지 않았어요. 상인이는 그런 악마를 믿고 아이디와 비밀번호도 모자라 카드 번호, 계좌 번호까지 알려 준 자신이 바보처럼 느껴졌어요. 더 바보가 되지 않기 위해 상인이는 아빠에게 모든 것을 얘기해야겠다고 생각했어요.

"아빠, 아빠! 아직 끊지 않으셨죠? 제가 게임에서 어떤 형을 만났는데……."

상인이에게 들려주는 인터넷 사기 이야기

상인이는 믿고 따르던 형에게 사기를 당하고 배신감과 절망감으로 괴로워하고 있어요. 요즘 상인이처럼 게임이나 인터넷에서 만난 사람을 믿고 개인 계정, 금융 정보 등을 넘겨 준 초등학생 피해자들이 계속 늘고 있어요. 범죄자들은 피해자를 속이기 위해 치밀하게 계획을 세워요. 인터넷 사기의 피해자가 되지 않으려면 요즘 인터넷상에서 기승을 부리고 있는 게임 범죄와 금융 범죄 수법을 알아야 해요. 또한 무엇보다 디지털 세상에서 내 정보를 지키는 방법을 꼭 익혀야 해요.

게임 하다가 사기를!

"레벨을 올려 준다고 해서 잠깐 아이디랑 비밀번호를 알려 줬는데 아이템을 잔뜩 사서 자기 계정으로 옮겨 버렸어요."

"게임에서 만난 형이 아이템을 준다고 해서 아이디랑 비밀번호를 알려 주고 돈도 보냈는데, 아이템도 주지 않고 연락을 끊었어요."

"계정을 서로 바꿔 게임 하자고 해서 아이디랑 비밀번호를 알려 줬는데 제 아이템을 다 팔아 버렸어요."

"게임 계정을 샀는데 어떤 사람이 주인이라며 연락했어요. 사기당한 계정을 샀나 봐요."

"게임 머니를 준다고 해서 링크 주소를 클릭했는데, 돈이 빠져나갔어요."

"만 원만 결제하면 게임 머니 이만 원을 주는 이벤트에 당첨됐다고 해서 결제했는데 게임 머니를 주지 않았어요."

모두 초등학생들이 게임을 하다 겪은 피해 사례예요. 이런 피해를 겪지 않으려면 아이디와 비밀번호는 절대! 누구에게도! 알려 주지 않는다는 원칙을 지켜야 해요.

특히 대부분의 게임 사이트에서는 계정을 만들 때 이메일 주소와 비밀번호, 전화번호, 결제할 신용 카드 번호를 입력해야 해요. 아이들은 부모님의 스마트폰을 쓰는 경우가 많아서 게임 계

온라인 계정이 노출되면 금전적인 피해가 발생할 수 있어요.

정 아이디와 비밀번호가 노출되면 과도한 금액이 청구될 수 있어요.

희귀한 아이템을 보유한 계정은 높은 금액에 거래되기도 하는데, 이런 계정을 손에 넣으려 사기를 치는 사람들이 많아요. 절대로 자신의 계정을 알려 주면 안 돼요. 계정을 잃는 일로 끝나지 않고 자신의 계정이 사기 범죄에 쓰일 수도 있어요. 또한 PC방, 학원 등 공공장소에서 계정으로 접속한 후에는 반드시 로그아웃해야 해요. 급한 마음에 로그인 상태로 두고 자리를 뜨는 경우가 많은데, 이는 현관문을 열어 놓고 외출하는 것과 마찬가지예요.

정보와 돈을 빼 가는 인터넷 사기 수법

범죄자들은 온라인 공간에서 사람들의 마음을 이용하거나 실수하는 틈을 노리는 등 다양한 방법으로 순식간에 정보와 돈을 빼앗아요. 대표적인 인터넷 사기 유형을 알아 두면 범죄 피해를 예방할 수 있어요.

이벤트 당첨 메시지

이벤트 당첨을 축하한다면서 게임 머니나 현금을 준다는 메시지를 보내는 수법이에요. 당첨금을 받고 싶은 사람들의 마음을 이용해 개인 정보를 등록하게 하지요. 정보를 등록하면 자동으로 결제가 되는데, 당첨금보다 훨씬 많은 돈을 빼가요. 현금 당첨, 선물 증정 등과 같은 달콤한 말에 넘어가면 안 돼요. 세상에 공짜는 없어요. 이런 메시지는 수신 거부로 설정하거나 보안 프로그램을 최신 버전으로 설치하면 예방할 수 있어요.

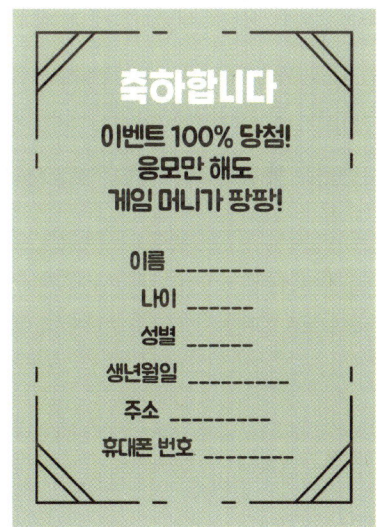

원 클릭 사기

메시지나 사이트에 적힌 URL(유아르엘, 인터넷상의 파일 주소)을 클릭하면 저절로 회원 가입이 되면서 결제가 이루어지는 수법이에요. 한 번의 클릭만으로 사기를 당해 원 클릭 사기라고 불러요. 혹시 혼날까 봐 돈을 잃고도 말 못하는 아이들이 많은데, 부모님과 의논해서 조금이라도 빨리 방법을 찾아야 해요. 아동과 청소년의 개인 정보를 수집하려면 반드시 부모나 보호자의 동의를 받아야 하기 때문에, 스스로 개인 정보를 제공해 사기를 당했더라도 구제받을 방법이 있어요.

인터넷 사기를 당했을 때

인터넷으로 사기를 당했을 때는 부모님에게 먼저 알리고 경찰청 사이버 수사국에 신고하는 것이 가장 빠른 방법이에요. 신고 접수를 하려면 피해 입은 사실을 증명할 수 있는 자료가 필요해요. 문자나 카톡, 게임 채팅 등으로 상대방과 대화한 내용, 상대방이 아이디와 비밀번호 등 정보를 요구한 상황, 돈을 보낸 사실을 증명하는 은행 거래 내역, 게임 아이템을 넘겨준 증거 자료 등을 모아서 제출해야 해요.

- **피해 신고**

  경찰청 사이버 범죄 신고 시스템 전화 112(ecrm.police.go.kr)

  개인 정보 침해 신고 센터 전화 118(privacy.kisa.or.kr)

인터넷 사기 예방법

인터넷 사기를 당하지 않으려면 자신이 게임 하는 습관을 냉정하게 되돌아보는 일도 좋은 예방법이 될 수 있어요. 온라인 게임을 하는 것은 나쁜 일이 아니에요. 스트레스 해소도 되고, 성취감도 느낄 수 있어요. 가상 세계를 경험하니 더 넓게 사고하는 기회를 얻었다고 하는 사람도 있고, 게임을 하며 문제 해결 능력이 생겼다는 사람도 있어요. 하지만, 이런 장점이 묻히는 이유는 게임에 너무 빠지는 사람이 많기 때문이에요. 그래서 게임에는 규칙이 필요해요. 게임을 하는 시간과 장소를 정하면 어떨까요? 식사 시간과 공부할 때, 자기 전에는 게임을 하지 않기, 방이 아닌 거실에서만 게임 하기 등의 규칙을 만들어 보세요. 또, 게임 결제 한도도 가족과 상의해 정해 두면 좋아요.

아이디와 비밀번호 안전하게 만들기

웹사이트 비밀번호는 귀중품이 있는 금고의 열쇠나 마찬가지예요.

디지털 세상에서 어떤 사이트에 로그인하는 일은 마치 소중한 물건이 있는 금고를 여는 것과 같아요. 아이디와 비밀번호가 너무 쉬우면 누구나 금고를 열 수 있어서 소중한 물건을 빼앗기기 쉽지요. 아이디와 비밀번호를 조금만 신경 써서 만들면 내 정보를 더 안전하게 관리할 수 있어요.

아이디 만들기

아이디는 로그인하는 데 필요한 정보이고 닉네임은 로그인한 뒤에 새로 부여하는 이름이에요. 아이디와 닉네임을 똑같이 만들 수도 있고 다르게 만들 수도 있지만, 아이디와 닉네임에 자신의 개인 정보가 담기지 않도록 조심해야 해요. 학교나 학급, 학원 사이트처럼 특정인들만 드나드는 곳에서는 관리자가 쉽게 관리하려고 실제 이름을 쓰는 경우가 많아요. 하지만 불특정 다수가 드나드는 사이트에서는 자신의 소속과 이름 등의 개인 정보가 드러나지 않는 아이디와 닉네임을 만들어야 안전해요.

비밀번호 안전하게 설정하는 법

이용하는 사이트마다 비밀번호를 다르게 설정하는 게 좋아요. 모든 사이트의 비밀번호가 같으면 한 곳에서만 해킹을 당해도 결국 모든 사이트가 열리게 돼요. 또, 비밀번호는 두세 달 정도에 한 번씩 바꿔 줘야 해킹당할 위험을 줄일 수 있어요.

한국 인터넷 진흥원에서 권장하는 안전한 비밀번호 만드는 방법이에요. 아래 순서대로 따라 해 보세요.

① 좋아하는 책 제목, 노래 제목, 명언, 속담 등을 떠올려요.

그 글자에서 자신만의 규칙에 따라 몇 글자만 따와요.

(예) 아낌없이 주는 나무

② 좋아하는 숫자를 떠올려요.

단, 생년월일, 전화번호, 생일, 주소와 관련된 숫자는 피해요.

(예) 337

③ 좋아하는 특수 문자를 떠올려요.

(예) @!

④ 글자, 숫자, 특수 문자를 조합해 비밀번호를 완성해요.

(예) 아주나@337!

잠깐, 동의하기 전에 한 번 더!

'개인 정보 보호법'이라는 법이 있어요. 개인의 정보를 동의 없이 수집하거나 이용하거나 남에게 제공하지 못하게 하려고 만든 법이에요. 이 법에 따라 우리는 어떤 사이트에 가입할 때 항상 "위 약관에 동의하십니까?" 하는 질문을 받아요. 그런데 대다수의 사람들이 이 내용을 꼼꼼하게 읽지 않고 동의를 해요. 내용이 다소 어렵고 길더라도 꼭 읽어 봐야 해요. 자신의 정보를 수집해서 어디에 언제까지 쓸지, 누구에게 제공하는지를 알려 주는 내용이기 때문에, 읽지 않고 그냥 동의하면 자신의 정보를 마음대로 쓰라고 허락하는 셈이 돼요. 또, 마케팅, 광고성 정보 수신에 동의하지 않으면 원치 않는 광고 문자나 메일을 받지 않아요.

촘촘한 개인 정보 안전망 만들기

모르는 URL로 접속하지 않는 게 좋아요.

먼저 디지털 기기나 인터넷 사이트의 계정이 악성 코드나 바이러스에 해킹당하지 않도록 인터넷 백신 프로그램을 설치해요. 스마트폰이나 태블릿 컴퓨터에 자동으로 설치되어 문제를 일으키는 악성 앱이 있어요. 이 앱이 설치되면 스마트폰 안에 있는 정보가 유출되거나 사기 사이트로 연결될 수 있어요. 그래서 가능하면 모르는 URL로 접속하지 않아야 안전해요.

출처를 알 수 없는 앱도 위험해요. 스마트폰 보안 설정에서 '출처를 알 수 없는 앱'을 차단하는 기능을 활성화해 두세요.

7장
연우의 발자국
- 저작권 침해 -

그대로 베끼진 않았는데?

공유 게시판에 관찰 일기 쓰기

과학 시간이 되자, 선생님은 강낭콩 씨앗 봉투가 든 박스를 교탁 위에 올리며 말했어요.

"식물이 싹이 트고, 자라고, 다시 씨를 맺는 과정, 식물의 한살이를 배우는 중이니까 우리도 직접 키워 봐야겠죠?"

연우는 저절로 한숨이 나왔어요.

'1학년 때 했던 강낭콩 키우기를 또 해?'

선생님은 마치 연우의 속마음을 들여다본 듯, 바로 말했어요.

"물론 1학년 때 해 봤지만, 그때는 1인 1식물 키우기였어요. 이번에는 과학 원리를 배우며 키우는 활동이니까 전혀 다른 느낌이 들 거예요."

그때, 승호가 물었어요.

"선생님, 그럼 이번에도 관찰 일기를 써야 해요?"

교실 여기저기서 한숨 소리가 들렸어요. 선생님은 아이들을 쭉 둘러보더니 말했어요.

"음, 그럼 이번에는 종이 말고 인터넷 공유 게시판에 관찰 일기를 쓰면 어떨까요?"

아이들이 일제히 환호성을 질렀어요. 종이에 쓰는 관찰 일기는 그림도 그리고 사진도 오려 붙여야 해서 할 일이 많아요. 하지만 인터넷 공유 게시판은 찍은 사진을 올리고 밑에 간단히 글을 쓰면 되니 아이들이 좋아했어요.

하교하는 길에 연우는 단짝 승호에게 물었어요.

"승호야, 편의점에서 슬러시 하나 먹고 갈래?"

"오늘은 안 되겠다. 나, 쑥쑥이 얼른 심어 놓고 학원 가려면 시간이 빠듯해."

승호는 강낭콩 씨앗을 어루만지며 말했어요.

"쑥쑥이? 벌써 이름도 지었어? 넌 강낭콩 키우는 게 좋냐?"

"재밌잖아. 음악도 틀어 주고 좋은 말도 많이 들려주면 식물이 잘 자란다고 하던데, 이번엔 그렇게 해 보려고."

"뭐래?"

연우는 승호의 말이 어이없어서 픽 웃음이 나왔어요. 승호와 헤어

지고 30분쯤 지나자 강낭콩 키우기 게시판에 승호의 글이 올라왔어요. 게시판에 처음으로 올라온 글이었어요.

뭐, 그대로 베끼진 않았으니까!

며칠 뒤, 아이들이 공유 게시판에 싹이 튼 사진을 올리기 시작했어요. 그런데 연우의 강낭콩은 어찌 된 일인지 감감무소식이었어요.

"왜 내 콩은 싹이 안 날까?"

연우의 말에 승호는 자신의 강낭콩은 다섯 알 모두 싹이 났다면서 두 개 정도 준다고 했어요.

"아니야. 곧 나겠지, 뭐."

이렇게 말하며 연우는 생각했어요.

'인터넷에 강낭콩 사진이 많을 텐데, 승호한테 싹까지 얻어서 키울 필요는 없지. 귀찮다, 귀찮아.'

그날 저녁, 연우는 인터넷을 검색해 싹이 난 사진을 찾았어요. 그 사진을 캡처한 후 싹 부분을 크게 확대해 공유 게시판에 올렸어요.

다음 날, 학교에 가니 승호가 쪼르르 다가와서 물었어요.

"연우야, 싹 안 났다고 하더니, 드디어 났나 봐?"

"어? 응. 집에 갔더니 나 있더라고."

"하루 만에 그렇게 쑥 올라오다니, 내 강낭콩보다 네 강낭콩이 더 쑥쑥이 같은데? 히히."

승호의 말에 연우는 좀 뜨끔했어요. 하지만 뜨끔했던 마음은 선생님의 칭찬에 바로 우쭐해졌어요.

"여러분, 연우 사진 봤어요? 이렇게 싹을 클로즈업해서 사진을 찍

으니까 느낌이 더 생생하죠? 연우는 관찰을 아주 잘하고 있네요."

며칠 뒤, 그동안 잠잠하던 강낭콩 키우기 공유 게시판에 떡잎이 나고 줄기가 뻗어 오른 사진들이 올라왔어요.

주말에 가족들과 놀러 갔다 온 사이, 떡잎이 다 져서 사진을 못 찍었다고 하소연하는 아이들도 있었어요. 연우는 아이들에게 말해 주고 싶었어요.

'얘들아, 인터넷에 강낭콩 사진이 널렸단다.'

연우는 그날도 괜찮은 사진이 없나 인터넷을 기웃거렸어요. 그런데 강낭콩 성장 시기에 딱 맞는 사진이 없었어요. 그때, 거의 매일 일기 쓰듯 강낭콩 사진을 찍어 올린 승호의 게시물들이 눈에 들어왔어요.

'오호! 내가 왜 이 생각을 못했지?'

연우는 승호의 사진들을 캡처한 후에 사진을 확대하고 보정했어요. 그리고 방과 후 컴퓨터 시간에 배운 기술을 활용해서 동영상을 만들었어요.

'음, 아직 뭔가 좀 약한데? 아, 음악!'

연우는 요즘 제일 인기 있는 노래를 찾았어요. 돈을 내야 해서 포기하려다가 무료로 노래 파일을 받을 수 있는 블로그를 발견했어요. 연우는 노래를 내려받고 동영상 배경 음악으로 썼어요.

'와! 진짜 끝내준다. 관찰 일기가 아니라 뮤직비디오네.'

연우는 자신이 만든 동영상을 보고 감탄할 아이들의 표정을 상상하며 공유 게시판에 동영상을 올렸어요.

친구끼리 겨우 사진 가지고 뭘 그래?

다음 날, 아침에 등교하면 늘 쪼르르 연우에게 달려오던 승호가 오늘은 웬일인지 연우를 보고 아는 척도 하지 않았어요. 승호는 민준이와 심각하게 이야기를 나누고 있었어요.

'무슨 일 있나?'

연우는 이상한 기분이 들었지만, 대수롭지 않게 생각했어요.

곧 1교시 과학 시간이 시작됐어요. 선생님이 모니터에 강낭콩 키우

기 공유 게시판을 띄웠어요. 연우의 동영상 게시물에 아침에는 없던 댓글이 달려 있었어요.

"뭔가 승호 강낭콩하고 비슷한 느낌! 기분 탓?"이라고 쓰인 댓글을 보는 순간, 연우는 살짝 짜증이 났어요.

'비슷해? 내가 어제 거의 두 시간 동안이나 공들여 만들었는데, 비슷하다니!'

연우는 무심코 승호를 쳐다봤어요. 승호도 연우를 쳐다보고 있었어요. 연우는 입 모양으로 "뭐? 왜?" 하고 물었어요. 그런데 승호는

대답도 하지 않고 고개를 휙 돌려 버렸어요.

연우가 '아침부터 쟤 왜 저래?'라고 생각하는데 선생님 목소리가 들렸어요.

"연우는 관찰 일기를 재미있는 동영상으로 만들었네요. 와, 솜씨 좋은데?"

역시나 연우의 예상대로 선생님과 아이들의 칭찬이 쏟아졌어요. 연우는 동영상 만들기가 생각보다 쉽다며 겸손하게 대답했어요.

과학 시간이 끝나자마자, 승호가 연우에게 다가왔어요.

"네 말대로 동영상 만들기 아주 쉬웠겠어."

"뭐?"

"내 사진으로 편집을 했으니까 얼마나 쉬웠겠어? 언제부터 내 쑥쑥이가 네 콩콩이가 됐어?"

"무, 무슨 말이야?"

연우와 승호의 목소리가 커지자, 아이들이 하나둘씩 몰려들었어요.

"내 강낭콩 사진을 마치 네가 찍은 사진처럼 썼잖아!"

"증, 증거 있어? 내가 네 사진을 썼다는 증거 있냐고?"

승호는 휴대폰을 꺼내서 자신의 사진과 연우 동영상을 비교하며 말했어요.

"여기 살짝 보이는 타일은 우리 집 베란다 타일이고, 여기 조금 보이는 화분도 내 화분인데? 이게 다 우연이야?"

연우는 더 이상 발뺌하기 어렵겠다는 생각이 들었어요. 그런데 아이들 모두가 보고 있으니 갑자기 억지라도 쓰고 싶었어요.

"그래, 내가 네 사진 좀 썼다! 하지만 다 다시 편집하고 음악까지 넣어서 거의 새로 만들었는데, 그… 그게 그렇게 큰 문제야?"

"뭐?"

"친구끼리 겨우 사진 가지고 뭘 그래?"

연우 말이 끝나자마자 반 아이들의 야유가 쏟아졌어요. 순간, 연우의 머릿속이 쾅쾅 울렸어요.

'내가 진짜 큰 잘못을 했나?'

떠오르는 생각이 송곳이 되어 연우의 양심을 찔렀어요.

연우에게 들려주는 저작권 침해 이야기

연우는 승호의 사진을 허락 없이 편집해 인터넷 게시판에 올리고도 그게 문제인 줄 몰랐어요. 다른 사람의 저작물을 허락 없이 사용하는 일은 일종의 범죄 행위예요. 인터넷에 올라온 사진을 캡처하거나 다른 사람이 쓴 글을 복사하는 일, 노래를 다운로드하는 일, 모두 '허락' 없이 한다면 저작자의 시간과 노력을 빼앗는 저작권 침해 행위가 돼요. 사람들이 SNS, 인터넷 공유 게시판 등을 많이 이용하면서 저작권을 둘러싼 갈등과 분쟁이 끊이지 않고 있어요. 하지만 몇 가지만 유의하면 저작권을 침해하지 않을 수 있어요.

저작권과 저작권 침해

저작물을 만든 사람이 갖는 권리가 있어요.

사람의 생각이나 감정을 표현한 창작물을 '저작물'이라고 해요. 그리고 저작물을 만든 사람은 '저작자', 타인이 저작물을 함부로 사용하지 못하도록 저작자가 가지는 권리는 '저작권'이에요.

저작권 보호를 받을 수 있는 저작물은 생각보다 매우 다양해요. 노래, 사진, 그림, 글꼴, 텔레비전 프로그램, 동영상, 게임, 컴퓨터 소프트웨어, 동화, 소설, 시, 각본, 심지어 연설이나 강연에도 저작권이 있어요.

그리고 저작물을 저작자의 허락 없이 마음대로 사용해 저작자의 권리를 침범하고 해를 끼치는 행동을 '저작권 침해'라고 해요. 우리가 무심코 많이 저지르는 저작권 침해 행위가 있어요. 숙제나 수행 평가 과제를 할 때 다른 사람의 사진이나 글, 그림, 인터넷 자료를 허락 없이 사용해 제출하는 일, 공식 다운로드 사이트가 아닌 곳에서 노래나 영화를 내려받고 친구들에게 복제해 나눠 주는 일, 모두 해서는 안 되는 일이에요.

책 내용을 촬영해서 인터넷에 올려도 될까?

돈을 주고 산 책이라도 책의 내용을 촬영해서 인터넷에 올리는 일은 저작권을 침해하는 행동이에요. 책을 산 것이지, 책의 내용을 인터넷에 공개할 수 있는 권리까지 산 것은 아니기 때문이에요.

블로그 활동을 열심히 하는 어떤 친구가 있었어요. 한창 인기 있는 만화책 시리즈의 신간을 다른 아이들보다 먼저 손에 넣었지요. 이 친구는 다른 아이들이 너무 궁금해할 것 같아서 책 내용을 열심히 찍어서 블로그에 올렸어요. 결국 이 친구는 저작권 위반으로 신고되어 블로그를 운영하는 포털 사이트로부터 게시물 중단 요청을 받고 글을 내려야 했어요. 블로그뿐만 아니라 채팅방에 마음대로 다른 사람의 저작물을 올려도 불법이에요.

불법 복제 사이트 이용하지 않기

▲ 불법 복제 사이트는 저작자의 권리를 빼앗고 있어요.

음악이나 영상 등을 저작자의 허락을 받지 않고 복제해서 인터넷에 올리는 사이트를 '불법 복제 사이트'라고 해요.

저작물을 이용하거나 소장하고 싶을 때는 저작자에게 정당한 사용료를 내야 해요. 하지만 사람들은 좀 더 싸게, 혹은 무료로 저작물을 사용하려는 욕심에 불법 복제 사이트나 무료 파일 공유 사이트를 이용하기도 해요. 그러면 저작자에게 사용료가 가지 않고 파일을 올린 사람에게 돈이 가게 돼요.

불법 사이트를 운영하는 일도 위법이지만, 불법 사이트에 접속해서 음악이나 영상을 내려받는 일도 법을 어기는 행동이에요. 개인 블로그에 저작자의 허락 없이 음악이나 영상 파일을 올려놓는 사람들도 있는데, 그런 블로그에서 파일을 내려받는 일도 저작권법 위반이에요.

딱 한 번이라고, 당장 문제가 되지 않는다고 안심하면 안 돼요. 자신의 행동이 혹시 저작권을 침해하는 행위가 아닌지 늘 주의해야 해요. 저작권을 침해해서 저작자의 창작 의욕을 꺾는다면 좋은 작품을 듣고 볼 수 없게 돼요.

공식 다운로드 사이트 이용하기

저작권 안심 지정 마크

불법 복제 사이트가 아닌, 공식 다운로드 사이트에는 '저작권 안심 지정 마크'가 있어요. 저작권 보호를 상징하고, 모두가 안전하고 건전하게 사용할 수 있는 콘텐츠임을 확인하는 표시예요.

온라인에서는 홈페이지나 모바일 앱 하단에 저작권 안심 지정 마크가 있고, 오프라인 매장에는 내부 벽이나 외부에 마크가 있어요.

또 무료로 즐길 수 있는 공식 다운로드 사이트와 애플리케이션도 있어요.

- 한국 저작권 위원회 공유 마당(gongu.copyright.or.kr)
- 유튜브 오디오 라이브러리(www.youtube.com/audiolibrary)
- 어도비 스톡(stock.adobe.com/kr/free)

디지털 저작물의 저작권을 보호받고 싶다면?

저작권을 보호받고 싶다면 먼저 저작자 표시를 해 둬야 해요. 저작권을 뜻하는 Copyright(카피라이트)라는 단어를 알아 두세요. '저작권을 가지고 있는 사람이 이승호'라는 의미로 Copyright 이승호, ⓒ이승호, (C)이승호 등과 같이 표기할 수 있어요. 좀 더 정확하게 창작 연도까지 표시하고 싶다면 Copyright 2024. 이승호, ⓒ2024. 이승호 등으로 표기할 수 있어요.

또 일정한 조건을 지킨다는 전제로 저작자의 허락 없이 사용하는 일을 허락할 수도 있어요. 이럴 때는 원하는 사용 조건을 정해서 CCL을 표기하면 돼요. CCL은 크리에이티브 커먼즈

라이선스(Creative Commons License)에서 앞 글자를 딴 말이에요. 2001년 크리에이티브 커먼즈라는 단체가 만든 제도로, 저작자가 자신의 저작물에 대한 권리를 미리 표기해 저작자가 정한 범위 내에서는 모든 사람이 저작물을 자유롭게 이용할 수 있어요. 보통 네 가지 마크가 사용되는데 그 의미를 기억해 두면 편해요.

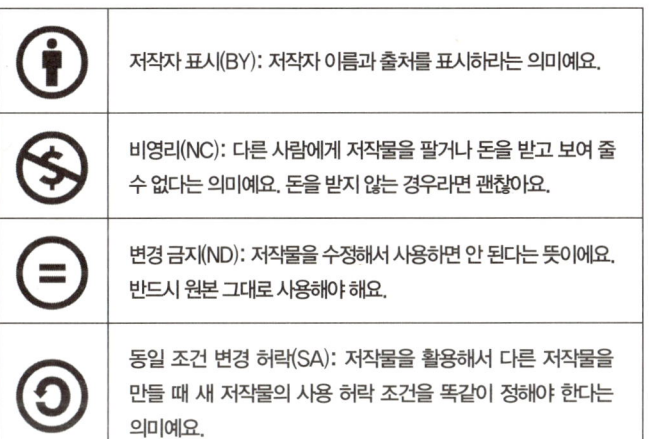

물론, 저작권이나 이용 규칙이 표시되지 않은 저작물도 많아요. 이럴 때는 저작물을 만든 사람에게 직접 허락을 구한 뒤에 사용해야 한다는 생각을 늘 가지고 있어야 해요. 저작권을 침해하지 않으려는 노력은 디지털 시민이 되는 첫걸음이랍니다.

8장
서연이의 발자국
- 악플 -

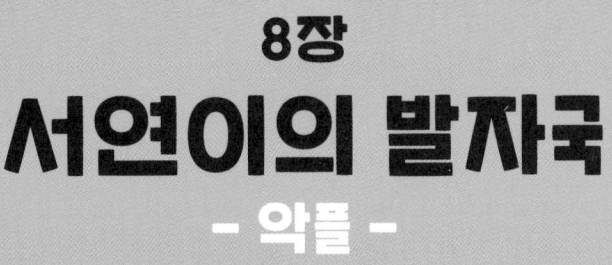

소통하고 싶은 마음이
악플이 되어 돌아왔어요

엔젤 사파이어 팬 카페

　서연이는 아이돌 그룹 '엔젤 사파이어'의 팬이에요. 오빠들 음악을 듣고 영상을 보고 있으면 마음도 편해지고 기분도 좋아졌어요. 좋아하는 마음이 커지니까 서연이는 오빠들과 더 가까워지고 싶었어요. 그래서 서연이는 엔젤 사파이어 팬 카페에 가입했어요.

　팬 카페 회원이 되니 오빠들의 일정과 소식을 가장 먼저 알 수 있었고, 오빠들이 팬을 위해 손 글씨로 직접 쓴 편지도 볼 수 있었어요. 그뿐만이 아니었어요. "어서 오세요. 서로 의견 나누면서 오빠들을 열심히 응원합시다!"라는 팬 카페 회원들의 따뜻한 말에 같은 편이 생긴 것 같아 좋았어요.

'역시 팬 카페에 가입하길 잘했어. 같은 연예인을 좋아하는 사람들끼리 얘기하니까 잘 통하네.'

서연이는 틈날 때마다 팬 카페에 드나들었어요. 그러다 마음이 맞는 친구, 영서도 알게 됐어요.

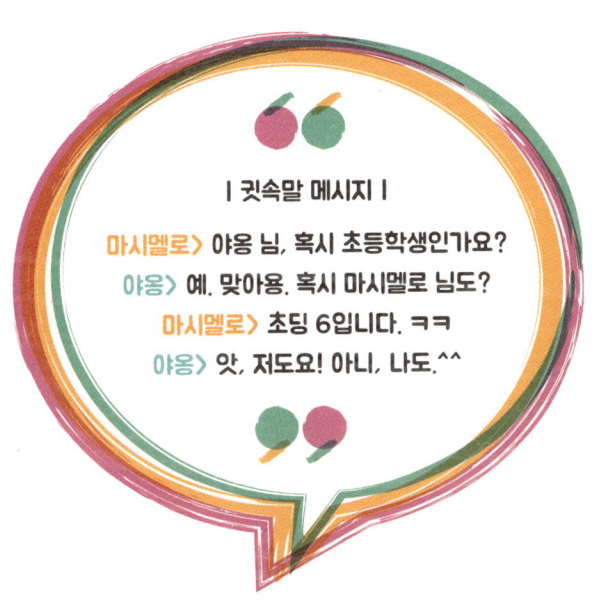

| 귓속말 메시지 |

마시멜로〉 야옹 님, 혹시 초등학생인가요?
야옹〉 예. 맞아용. 혹시 마시멜로 님도?
마시멜로〉 초딩 6입니다. ㅋㅋ
야옹〉 앗, 저도요! 아니, 나도.^^

둘은 처음에는 야옹 님, 마시멜로 님이라고 닉네임을 부르다가 곧 서연아, 영서야, 하면서 전화 통화도 하는 친구가 되었어요. 역시나 둘은 잘 통했어요. 둘 다 리더 에반이 최애 멤버였거든요. 최고로 애정하는 멤버 말이에요.

그러던 어느 날이었어요. 팬 카페가 발칵 뒤집히는 뉴스가 났어요.

엔젤 사파이어 리더 에반, 배우 리나와 열애!

아이돌도 연애할 수 있잖아?

에반 오빠의 열애 소식에 팬 카페 게시판은 터질 지경이었어요.

댓글

- 우리 오빠, 연애는 절대 안 돼!
- 하필 상대가 리나 그 계집애라니. 안 돼!
- 오빠랑 1도 안 어울림. 대체 언제 어디서 만난 거야. ㅠㅠ
- 분명히 리나가 꼬셨을 듯.
- 에반, 여기에 해명 좀…….
- 그룹에 민폐. 에반은 각성하라!
- 우리 리나 팬 카페에 가서 댓글 테러합시다!

'다들 왜 이렇게 흥분했지? 연애가 뭐 어때서?'

서연이는 댓글들이 이해가 되지 않았어요. 그때, 엄마가 서연이 방에 들어와 웃음을 머금은 표정으로 놀리듯 물었어요.

"서연아, 어쩌니? 너희 에반 오빠 연애한다는데?"

"그럴 수도 있지 뭐. 에반도 사람이잖아."

"오, 바람직한 생각인데?"

"엄마, 근데 팬 카페에서 난리가 났어. 그룹의 민폐라는 둥, 팬들 허락 없이 사귀면 안 된다는 둥……."

 엄마는 그건 좀 잘못됐다고 했어요. 연예인에게도 연예 활동 외에 사적인 영역이 있는데 그 부분까지 팬들이 좌지우지할 수는 없다고 했어요. 엄마의 말에 서연이는 자신의 생각이 맞다고 인정받는 것 같았어요.
 '내 생각을 팬 카페 게시판에도 올려 볼까?'
 서연이가 고민하고 있는데, 게시판에 글 하나가 올라왔어요. 팬 카페에서 에반 오빠의 연애를 반대하는 공식 입장문을 내자는 내용이었어요. 서연이는 정말 이해가 되지 않았어요. 팬 카페에 의견이 다른 사람도 있다는 사실을 알려야겠다는 생각이 들었어요..

> **작성자 : 야옹**
> 에반 오빠도 사람인데 연애할 수도 있지 않나요?
> 우리의 사랑을 받으니 연애하면 안 된다는 건 지나치다고 생각해요.
> 우리가 좋아하는 오빠니까 오빠의 사랑도 응원해 주면 어떨까요?
> 저는 에반 오빠의 연애를 축하해 주고 싶어요.♡

서연이가 글을 올린지 1분도 안 돼 댓글이 달리기 시작했어요.

댓글

- 야옹? 길고양이는 나가시지. 여기가 어디라고 감히!
- 그렇게 좋으면 너나 응원해라.
- 에반 팬 맞아? 탈퇴해라!
- 팬 카페가 뭔지는 알고 가입했냐?
- 그렇게 잘났으면 혼자서 에반 응원 카페 하나 더 만들던가?

댓글을 읽던 서연이 마음이 쿵 내려앉았어요. 자신의 의견이 담긴 글을 하나 올렸을 뿐인데, 금세 팬 카페의 '적'이 되어 가고 있었어요. '왜 탈퇴하라는 거지? 팬 카페는 팬들이 서로 의견을 나누는 곳이라

고 했으면서?'

서연이는 답답한 심정을 영서에게 말하고 싶었어요. 하지만 영서는 전화를 받지 않았어요.

'영서는 나랑 같은 생각일 텐데……. 영서야, 왜 전화를 안 받니?'

서연이는 숙제를 하면서도 계속 댓글에 신경이 쓰였어요. 정말 자신과 같은 생각을 가진 사람은 없는지도 궁금했어요. 서연이는 팬 카페에 들어가기가 좀 두려웠지만, 조심스럽게 게시판을 열었어요. 겨우 2시간이 지났을 뿐인데, 댓글이 수백 개나 달려 있었어요.

댓글

- 야옹아, 너 거기 숨어서 댓글 읽고 있는 거 다 알아.
- 좋은 말로 할 때 나가라.
- 헉. 야옹이는 알고 보니 초딩?
- 너, ○○초 6학년이라며? 우리 집이랑 가까운데 밤길 조심해라.
- 급식충! 너 얼굴도 못생겼다며?
- 못생긴 초딩. 에반 오빠도 널 싫어할 듯.

서연이 의견에 대한 비난은 이제 인신공격으로 번지고 있었어요. 서연이는 초조한 마음에 자기도 모르게 손톱을 잘근잘근 씹었어요.

'우리 학교는 어떻게 알았지? 내가 다니는 학교를 아는 사람은 영서

밖에 없는데, 설마…….'

마음을 무너뜨리는 악플

서연이는 거실로 나가 텔레비전을 보고 있는 엄마 옆에 안기듯 앉았어요.

"엄마, 내가 잘못했나 봐. 팬 카페에 에반 오빠 연애를 지지하는 글을 올렸다가 엄청난 악플을 받고 있어."

엄마는 서연이가 내민 휴대폰을 한참 들여다봤어요.

"이건 아니지. 의견이 다르다고 해서 공격하는 그 사람들이 나쁜 거야. 하지만 서연아, 마음이 괴로우면 팬 카페에 계속 머물 필요는 없어. 또 악플을 단 사람들을 혼내 주는 방법도 있으니까 잘 생각해 보고 결정하자."

하지만 서연이는 팬 카페에서 탈퇴하기는 싫었어요.

'내가 쓴 글이 사라지면 곧 잠잠해지겠지.'

서연이는 글을 내렸어요. 하지만, 곧 서연이의 글을 캡처한 사진이 첨부된 게시글이 올라왔고 댓글이 달리기 시작했어요.

댓글

 글 내리고 숨으면 끝날 줄 알았지?

 의견이 다른 사람은 쫓아내자!

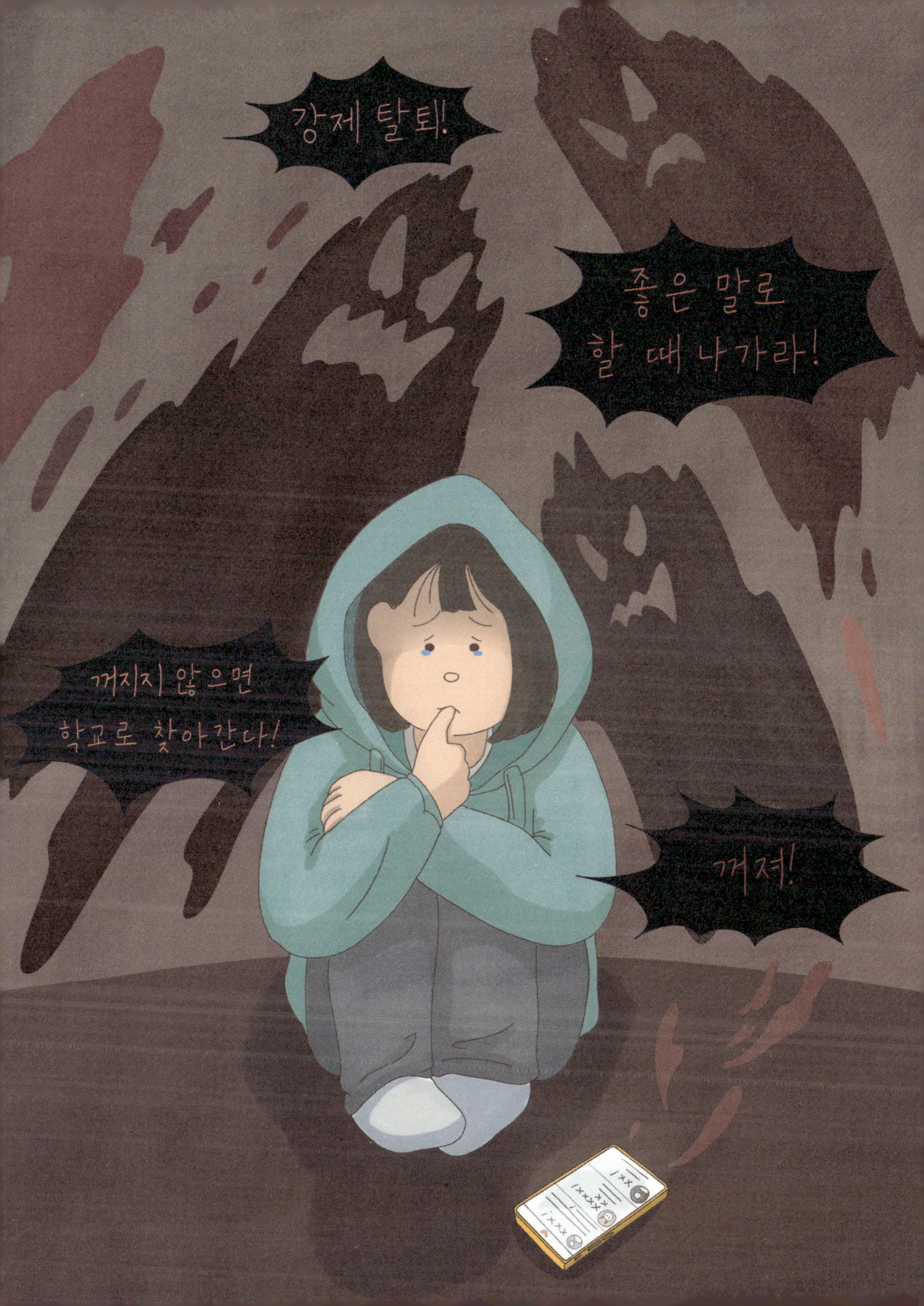
강제 탈퇴!
좋은 말로 할 때 나가라!
꺼지지 않으면 학교로 찾아간다!
꺼져!

🙂 숨지 말고 사라져라!
😠 너, 내 옆에 있었으면 한 대 맞았음!
😏 관심받고 싶어서 저러는 거 아냐? 관종!
😜 옛다, 관심받고 꺼져!
😒 꺼지지 않으면 너희 학교로 찾아간다!

'꺼지라고?'

서연이 마음은 완전히 무너져 내렸어요. 아주 더러운 구정물을 뒤집어쓴 기분이었어요. 악플을 보지 않고 있어도 계속 생각나고 가슴이 두근거렸어요.

'이제 어쩌지?'

서연이는 머리를 감싸 쥐며 괴로워했어요.

그때, 휴대폰이 울렸어요.

"나야, 영서."

"……."

"서연아, 듣고 있어? 미안해."

"뭐가? 뭐가 미안한데?"

"나는… 저렇게 심한 악플들이 올라올지 몰랐어. 팬 카페에서 친해진 언니들이 너 학교 어디 다니냐고 물어서 대답했을 뿐인데……."

영서는 악플들을 읽으며 서연이를 생각하니 너무 속상하고 마음이 아팠다고 했어요. 그러면서 자기가 팬 카페 활동을 오래 해서 아는 사람이 많다며 무슨 일이든 돕겠다고 했어요. 서연이는 영서의 말에 조금 힘이 났어요.

'힘들어도 무너지지 않을 거야! 악플을 쓴 사람들이 잘못했는데, 내가 왜!'

서연이는 영서에게 팬 카페 운영진과 연락할 수 있는 방법부터 물었어요.

서연이에게 들려주는 악플 이야기

서연이는 즐겁게 활동하던 팬 카페에서 의견이 다르다는 이유로 비난을 받았어요. 인터넷 공간에는 얼굴을 맞대고 있지 않다고, 자신의 이름이 드러나지 않는다고 나쁜 말을 쏟아 내는 사람들이 있어요. 인터넷 공간도 사람들이 함께 어울려 사는 곳이니 지켜야 할 것들이 있어요. 그중 가장 기본은 '서로에 대한 예의'예요. 모두가 인터넷 공간에서 예의를 지킨다면 서연이처럼 상처받는 사람이 생기지 않을 거예요.

악한 마음의 또 다른 이름, 악플

원래 인터넷 게시판은 서로 의견을 나누는 긍정적인 공간이었어요.

사람들이 인터넷을 많이 하면서 인터넷 공간에 게시판이 등장했어요. 게시판에 자신의 생각을 적은 글을 올리면 사람들이 댓글로 의견을 남겨요. 댓글을 '리플'이라고도 부르는데, '대답하다'를 뜻하는 영어 리플라이(reply)를 줄인 말이에요.

처음에 인터넷 게시판은 사회 현상이나 뉴스 등에 대해 함께 의견을 나누는 긍정적인 기능을 했어요. 하지만, 게시판을 이용하는 사람들이 많아지면서 댓글에 자신의 불만을 쓰거나, 악한 마음으로 남을 공격하고 비난하는 말을 적는 사람들이 생기기 시작했어요. 이들은 의견이 다르다는 이유로 남을 헐뜯고, 마음에 들지 않는다는 이유로 비난하는 글을 써요. 이런 악성 댓글을 '악플'이라고 부르지요.

익명성에 숨을 수 있을까?

악플러는 익명성에 기대어 나쁜 행동을 해요.

상습적으로 악플을 쓰는 사람들을 흔히 '악플러'라고 하는데, 악플러들은 대부분 익명성에 기대어 나쁜 용기를 얻었다고 해요. 익명성은 어떤 행위를 한 사람이 누구인지 드러나지 않는 특성을 말해요. 온라인에서는 이름 대신 아이디나 닉네임을 쓰니까 자신이 누구인지 다른 사람이 알지 못한다는 생각이지요. 악플을 쓰는 사람들은 '익명성'이란 벽 뒤에 숨어서 나쁜 행동을 해요.

하지만, 정말 익명성이 보장될까요? 악플을 쓰며 남긴 디지털 발자국은 포털 사이트 가입 정보, 컴퓨터와 통신 장비의 아이피(IP) 주소 등 다양한 방법으로 추적이 가능해요. 당연히 디지털 발자국을 남긴 사람도 찾아낼 수 있지요. 그러니 인터넷 공간에 올리는 한 마디, 한 글자도 모두 밝혀질 수 있다는 사실을 잊지 마세요.

비판과는 전혀 다른 악플! 악플은 범죄

비판은 상대방의 말이나 행동의 옳고 그름을 논리적으로 구분 지어 판단하고 평가하는 일이에요. 인터넷 공간에 올라오는 악플은 상대방의 의견이나 외모를 조롱하며 쓴 악의적인 글이 많아요. 가장 많은 악플의 유형을 보면 폭언과 모욕에 가까워요. "짜증 나, 꺼져, 쓰레기, 재수 없어." 과연 이런 말들이 비판일까요? 비판과 비난은 다르다는 사실을 알아야 해요. 상대방을 비난하는 악플은 상대의 마음에 상처를 주고 의도하지 않았더라도 나쁜 선택을 불러오기도 해요. 댓글을 쓸 때는, 자신이 듣고 싶지 않은 말이라면 상대방도 듣고 싶지 않다는 사실을 꼭 떠올리세요.

악플은 범죄라는 생각도 지녀야 해요. SNS나 인터넷 공간에서 '거짓과 헛소문'을 퍼뜨리는 글도 악플이지만, '사실'이어도 상대가 드러내기를 원치 않는 정보를 쓴 댓글도 악플이에요. 심지어 다른 사람이 쓴 악플을 여기저기 옮기는 행동만으로도 처벌받을 수 있어요.

상대방을 혐오하는 표현도 쓰면 안 돼!

혐오 표현과 악플은 큰 상처가 돼요.

혐오 표현은 인종, 국적, 종교, 나이, 성별, 개인적 취향 등을 이유로 특정 집단이나 계층을 조롱하거나 비난하는 표현을 말해요. 서연이가 받은 댓글에 급식충이라는 말이 있었는데, 이 말 역시 학교에서 급식을 먹는 어린이와 청소년을 혐오하는 표현이에요. 혐오 표현은 사회 구성원들을 분열시키는 악성 바이러스나 마찬가지예요. 2019년에 국가 인권 위원회에서 시행한 온라인 혐오 표현 인식 조사에 따르면 10명 중 7명이 혐오 표현을 접한 경험이 있다고 답했어요. 그중 90퍼센트가 유튜브, SNS, 게임 등 온라인에서 혐오 표현을 접했고, 인터넷 공간의 혐오 표현 문제가 심각하다고 응답했어요. 그래서 포털 사이트나 소셜 미디어 기업들은 악플을 지우는 인공 지능을 사용해 댓글을 관리하기도 해요. 부적절한 단어나 혐오 표현 등을 찾아내 삭제하고 있지요. 하지만 이런 작업은 한계가 있어요.

디지털 세상을 살고 있는 우리가 먼저 책임감을 가지고 상대방을 혐오하는 표현을 쓰지 않아야 해요. 상대방이 앞에 마주 앉아 있다고 생각해 보세요. 함부로 비난하는 말을 할 수 있을까요?

악플의 피해자가 되면?

1. 고민하지 말고 부모님에게 말하자

댓글의 수준이 심각해서 무시할 수 없다면 참지 말고 확실하게 대응해야 해요. 상대방과 부딪치는 것이 싫어서 모른 척하면 괴롭히는 정도가 더 심해질 수 있어요. 그럴 때, 제일 먼저 부모님이나 선생님과 의논하세요.

2. 악플러에게 직접 다가가지 말자

악플러들이 악플을 쓰는 이유 중 하나가 상대에 대한 '이유 없는 미움' 때문이라고 해요. 그런 사람에게 직접 다가가면 더 과격한 행동을 할 수 있으니 일단 상황을 지켜보세요. 악플을 보기가 심적으로 너무 힘들면 보지 말고 부모님에게 맡겨요.

3. 증거를 남겨 두자

악플들을 증거로 모아 두는 것이 좋아요. 어떤 댓글인지, 그것이 악플인지 아닌지 다른 사람도 판단할 수 있도록 증거를 남겨 둬요. 게시물의 주소를 저장하고 게시물을 캡처해 둘 필요도 있어요. 때론 피해자가 증거를 모으고 있다는 소식만으로 악플러가 악플을 쓰는 행동을 멈추기도 해요.

4. 전문가와 확실한 대응책을 찾자

모아 둔 증거 자료를 가지고 전문가에게 문의한 뒤, 전문가가 제시하는 방법에 따라 대응해요. 동시에 악플로 상처받은 마음도 적극적으로 치유될 수 있도록 노력해야 해요.

- **한국 방송 통신 심의 위원회 인터넷 피해 구제**(remedy.kocsc.or.kr)
- **경찰청 사이버 안전 지킴이**(www.police.go.kr/www/security/cyber.jsp)
- **경찰청 사이버 범죄 신고 시스템** 전화 112(ecrm.police.go.kr)

지켜보고 있다! 너의 디지털 발자국

1판 1쇄 발행 2024년 3월 15일
1판 4쇄 발행 2025년 4월 4일

글 장예진
그림 안희경
발행인 손기주

편집팀장 권유선
편집 장효선
디자인 썬더키즈 디자인팀
인쇄 길훈 씨앤피 **세무** 세무법인 세강

펴낸곳 썬더버드
등록 2014년 9월 26일 제 2014-000010호
주소 경기도 의왕시 정우길47. 2층
전화 02 6368 2807 **팩스** 02 6442 2807

ISBN 979-11-90869-92-8 (73330)

값은 뒤표지에 있습니다. 잘못된 책은 구입하신 곳에서 바꾸어 드립니다.
썬더키즈는 썬더버드의 아동서 출판브랜드입니다.

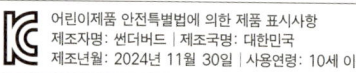

어린이제품 안전특별법에 의한 제품 표시사항
제조자명: 썬더버드 | 제조국명: 대한민국
제조년월: 2024년 11월 30일 | 사용연령: 10세 이상